THE RISE OF
EMERGING ECONOMIES

新兴经济体崛起

——理论、影响和政策分析

方晋 等◎著

中国发展出版社
CHINA DEVELOPMENT PRESS

图书在版编目（CIP）数据

新兴经济体崛起——理论、影响和政策分析/方晋等著.
北京：中国发展出版社，2012. 2
ISBN 978-7-80234-745-8

I. 新… II. 方… III. ①世界经济—经济发展—研究
②中国经济—经济发展—研究 IV. F113.4

中国版本图书馆 CIP 数据核字（2011）第 259850 号

书　　　　名：新兴经济体崛起——理论、影响和政策分析
著 作 责 任 者：方晋　等
出 版 发 行：中国发展出版社
　　　　　　　（北京市西城区百万庄大街 16 号 8 层　100037）
标 准 书 号：ISBN 978-7-80234-745-8
经 　销 　者：各地新华书店
印 　刷 　者：北京科信印刷有限公司
开　　　　本：700×1000mm　1/16
印　　　　张：12. 5
字　　　　数：190 千字
版　　　　次：2012 年 2 月第 1 版
印　　　　次：2012 年 2 月第 1 次印刷
定　　　　价：35. 00 元

联 系 电 话：(010) 68990630　68990692
购 书 热 线：(010) 68990682　68990686
网　　　　址：http：//www. develpress. com. cn
电 子 邮 件：bianjibu16@ vip. sohu. com

前　言

　　进入新世纪以来，世界经济一个最显著的变化就是新兴经济体的全面增长。新兴经济体不仅成为世界经济增长的主要动力，也深刻改变了世界经济发展格局，即使是百年一遇的国际金融危机也没有改变这一趋势。

　　新兴经济体的崛起对于世界经济发展具有重要的意义。迄今为止，除了东亚的日本之外，所有的发达国家均来自于西欧及其衍生国（美国、加拿大、澳大利亚、新西兰）。20世纪50年代和60年代，部分拉美和东南亚发展中经济体增长较快，表现出实现工业化、赶超发达国家的潜力，被称为新兴工业化国家。但进入20世纪70、80年代之后，除亚洲"四小龙"之外，这些经济体纷纷落入"中等收入陷阱"，经济增长停滞不前，各种危机此起彼伏，发展中国家实现工业化、现代化似乎变成一个"不可能完成的任务"。在所有的发展中经济体中，只有处于东亚地区的"四小龙"真正通过自身努力实现了经济的快速增长，基本达到或接近发达国家的经济和社会发展水平。但由于"四小龙"数量较少，经济总量不够大，对世界经济并没有产生根本性的影响，发达国家仍然是世界经济的主导力量。

　　但进入新世纪以来，新兴经济体的崛起与当年的新兴工业国的发展有很大不同。新兴经济体崛起首先是群体性崛起，有大批的发展中国家取得了快速增长。2001年至2008年，有106个新兴经济体和发展中国家平均增速高于世界平均水平1个百分点，有73个新兴经济体和发展中国家平均增速高于世界平均水平 2 个百分点，有 47 个新兴经济体和发展中国家平均增速高于世界平均水平 3 个百分点。在短短的 8 年时间内，有 10 个新兴经济体的人均收入水平从中高收入组别晋升到高收入组别，有 17 个新兴经济体从中低收入组别晋升到中高收入组别，有 20 个新兴经济体从低收入组别晋升到中低收入组别，还有 1 个新兴经济体从中低收入组别晋升到高收入组别。

需要说明的是，新兴经济体的崛起主要表现在新兴大国的崛起。经济总量最大的 10 个新兴经济体占全球经济的比重从 2001 年的 14.1% 上升到 2010 年的 24.2%，上升了 10.1 个百分点，而同期整个新兴经济体和发展中国家的比重提高了 12.8 个百分点。在新世纪的第一个 10 年，前 10 大新兴经济体对世界经济增长的贡献为 34.6%，相当于同期整个新兴经济体和发展中国家贡献的 68.5%。

而且，这一轮新兴经济体的崛起更加具有可持续性。20 世纪 90 年代以来，许多发展中国家对内采取市场化改革，对外积极融入世界经济，产业结构不断优化，增长效率显著提高。本书的研究表明，新世纪以来新兴经济体第二产业占 GDP 的比重以及外贸依存度，无论是绝对水平还是增长速度均显著高于发达经济体，说明工业化以及积极参与全球分工很可能是新兴经济体本轮增长的主要动力。通过增长核算法对新兴经济体增长的来源进行分解，我们发现全要素生产率对增长的贡献不断提升，要素投入的贡献不断下降，充分反映了新兴经济体增长的合理性和可持续性。

更重要的是，新兴经济体群体性的崛起特别是新兴大国的崛起，使得新兴经济体之间相互带动作用不断提升。先发国家和后发国家之间，大国和小国之间，制造业出口国和初级产品出口国之间，形成了相互贸易和投资的良性循环，使得新兴经济体的增长可以不断持续下去。我们甚至可以认为，只有 19 世纪西欧国家的崛起才能与新兴经济体的崛起相提并论。只要沿着目前正确的道路走下去，新兴经济体实现工业化、现代化，跻身发达国家行列，是完全可以预期的。

中国作为新兴经济体中重要的一员，经过多年的快速发展，已经成为全球第二大经济体和第一大货物贸易国。中国同其他新兴经济体一起，对世界经济格局产生了深远的影响，自身面临的国际经济环境也发生了重要的变化。中国需要根据这些变化，及时调整对外经济政策。

因此，本书目的在于研究新兴经济体发展对世界经济格局和我国对外经济关系的影响。全书内容分为三大部分，共九章。第一部分研究新兴经济体发展的理论和实证问题，由第一、二、三章组成。其中第一章对新兴经济体的内涵和概念进行了界定，在目前各种不同的概念基础上，提出了本书定义的新兴经济体。第二章通过比较不同类别经济体、不同收入水平、不同地区新兴经济体经济的增长情况，以及新兴经济体工业化和外贸发展，总结了新兴经济体增长的特征事实。第三章在回顾经济增长理论的基础上，用增长核算法对新兴经济体的增长进行分解，来判断新兴经济体增长的合理性和可持续性。

第二部分由第四、五、六章组成，从三个具体方面研究新兴经济体发展对世界经济格局和我国对外经济关系的影响。其中第四章研究新兴经济体对世界贸易格局和我国对外贸易的影响，从进出口总量、产品结构、地区结构、贸易方式等多个角度对此进行了深入分析。第五章研究新兴经济体对全球跨境投资以及我国跨境投资的影响，对全球跨境投资的发展趋势、新兴经济体发挥的作用以及中国与新兴经济体的双边投资进行了详细的阐述。第六章从能源（石油）价格、能源安全和气候变化等方面考察新兴经济体对全球能源格局和我国对外能源关系的影响。

第三部分为政策建议，由第七、八、九章组成。其中第七章讨论如何在对外贸易和跨境投资两个方面加强与新兴经济体的经贸合作，并明确提出调整外经贸政策、开拓新兴市场。第八章研究中国应该如何团结新兴大国、推动全球经济治理改革，对如何利用好二十国集团机制、加强与新兴大国的政策协调提出了具体建议。第九章提出中国应适时扩大对外经济援助，提升中国国际影响力，并给出了扩大对外援助的三个政策建议。

本书内容主要源自国务院发展研究中心 2010 年度招标课题"新兴经

济体对世界经济格局和我国对外经济关系影响研究"的成果。该项研究课题负责人为方晋，课题组成员包括国务院发展研究中心对外经济研究部的张琦研究员和吕刚副研究员，以及北京大学的王勋博士，他们分别承担了本书不同章节的撰写工作。没有他们的辛勤工作，本项研究不可能顺利地完成。

在这里，我们还要特别感谢国务院发展研究中心的各位领导对此项研究在各个阶段给予的宝贵支持和批评指正，使我们的研究得以不断地完善。感谢对外经济研究部隆国强部长对此书出版的大力支持，在工作和研究中他也给了我很多有益的指导和帮助。最后还要感谢中国发展出版社的尚元经编辑，他的不懈努力是本书能够顺利出版的重要原因。

由于时间仓促、水平有限，书中的错误遗漏在所难免。我们诚恳地接受广大读者和政策研究界同仁的批评，也欢迎你们就如何把这项研究做好提出意见和建议。

作　者
2012 年 1 月

目 录

第一部分　实证研究

第二部分　影响分析

第三部分　政策建议

第一部分

实证研究

第一章　新兴经济体的概念和内涵

新兴经济体已经发展成为影响世界经济发展格局的重要力量，并成为经济学和公共政策研究的热门对象。但迄今为止，新兴经济体还缺乏一个完整和统一的定义。不仅有各种相近的概念经常被混用，如发展中国家、新兴工业化国家、新兴市场国家等等，而且其内涵也不尽相同。有的研究把新兴经济体等同为所有发展中国家，有的研究则把新兴经济体限定为二十国集团（G20）中的 11 个发展中国家。这是我们能看到的最宽泛和最狭窄的定义。那么，我们究竟应该如何来界定新兴经济体的定义和范围呢？

一、新兴经济体的概念

新兴经济体有两个明显的前身和相近的概念：新兴工业化国家（Newly Industrialized Country，NIC）和新兴市场国家（Emerging Market Economy，EME）。

新兴工业化国家的概念出现于 20 世纪 70 年代。当时有所谓亚洲"四小龙"之称的韩国、新加坡以及中国香港和中国台湾地区实行了出口导向和吸引外资的对外开放战略，实现了制造业带动的经济的快速增长，其经济表现已明显优于大多数发展中国家，但与发达国家相比还有一定差距。有鉴于此，研究发展经济学的部分学者开始称具有这类特点的国家和地区为新兴工业化国家。到了 20 世纪 80 年代以后，同样处于东亚地区的泰国、马来西亚、菲律宾和印度尼西亚也采取了类似的发展战略并实现了较快增长，也被列入新兴工业化国家行列。进入 21 世纪之后，随着更多的发展中国家经济体增长提速，有更多的国家被视为新兴工业化国家，如中国、南非、墨西哥、土耳其等。

新兴市场国家是1981年由时任世界银行下属国际金融公司（International Finance Corp.，IFC）资本市场部副总监的安东尼·范·阿格塔米尔（Antoine W. van Agtmael）提出的。当时他正准备成立一个专门向发展中国家企业投资的基金，但西方的投资者觉得所谓的"第三世界"仍然贫穷落后，不值得投资。他认为当时的部分发展中国家的发展水平比西方普遍认识得要好，应该与其他发展中国家区分开来，用一个比较振奋的名字加以概括，这样有助于投资者对这样的国家进行投资。因此"新兴市场"这个概念就诞生了。他认为，"第三世界"给人的印象是停滞不前的，而新兴市场则意味着进步、发展与活力（安东尼·范·阿格塔米尔，2007）。

因此，新兴市场这个概念是从西方投资者的角度而提出的。对于西方投资者而言，一个发展中国家首先有发展潜力且增长迅速，然后其资本市场应对外开放，这样才能算新兴市场，其国家才属于新兴市场国家。新兴市场一度是一个纯粹的金融概念，特指发展中国家对外开放的股票市场。英国富时集团颁布的"富时新兴市场指数"就包括了阿根廷、巴西、智利、中国、哥伦比亚、捷克、埃及、匈牙利、印度、马来西亚、摩洛哥、巴基斯坦、秘鲁、菲律宾、波兰、罗马尼亚、俄罗斯、南非、中国台湾、泰国、土耳其、阿联酋共22个国家和地区。美国摩根斯坦利公司编制的"新兴市场指数"也包含了22个国家和地区，与富时新兴市场指数不同的是包括了以色列、墨西哥和韩国，而不包括阿根廷、巴基斯坦和阿联酋。而英国《经济学家》编制的新兴市场指数比摩根斯坦利公司的又增加了3个国家和地区，分别是中国香港、新加坡和沙特阿拉伯。

进入21世纪之后，随着越来越多发展中国家实现快速增长，仅仅把新兴市场的内涵局限在资本市场已经远远不能满足研究者和投资者的需要。由于经济的快速增长和市场的对外开放，整个国家都可能变成一个具有发展和投资潜力的市场，因此新兴市场的内涵逐步演变为消费市场甚至整体经济规模扩大带来投资机遇的市场，而新兴市场国家则是具有这样市场潜力的国家。随着新兴市场的内涵从狭义的资本市场扩展到广义的整个经济体，新兴市场国家这个词也逐渐与新兴经济体开始混用。

过去，国际货币基金组织（IMF）在其所发布的《世界经济展望》中把世界各国分为三大类：发达经济体、发展中经济体和转轨经济体。从2004年开始，IMF又将全世界各国家和地区分为两大类：一类是包括亚洲新兴工业经济体在内的发达经济体；另一类是其他新兴市场和发展中经济体。在最新的《世界经济展望》中，IMF所列的新兴经济体有26个。在联合国贸发会议（UNCTAD）2008年《统计手册》中，确定的美洲与亚洲的新兴经济体为10个。博鳌论坛2009年度报告在借鉴国际组织和学者研究的基础上，明确将G20中的11个发展中国家（简称E11），即中国、巴西、阿根廷、墨西哥、韩国、印度尼西亚、印度、沙特阿拉伯、南非、土耳其和俄罗斯称为新兴经济体，认为这11个国家处于经济快速增长的"新兴"时期，无论是经济规模、人口总量，还是在国际商品、服务和资本流动中的重要性，这11个发展中国家都占有较大比重。这些经济体还具有较好的代表性，广泛分布在亚非拉欧等地区，且都是各地区的主要国家和各自地区经济组织的核心成员。

二、界定新兴经济体

从前面的分析可以看出，新兴工业化国家、新兴市场国家、新兴经济体的内涵有以下两个共同特点：首先都是新兴，意味着这些国家经济快速增长，表现好于其他发展中国家，有必要区分开来；其次这些国家的发展是一个动态的过程，是一个现在进行时，工业化说明的是增长的特点，市场化说明的是增长的结果和带来的机遇，这一过程尚未结束。

总体而言，这三个概念一个比一个宽泛。最宽泛的新兴市场国家的定义涵盖了所有的新兴工业国，毕竟不是所有的新兴市场国家的增长都是以制造业快速发展为特征的，比如说一些资源密集的发展中国家，利用过去一段时期资源价格的快速增长发展了自身经济，工业化特征未必明显。而新兴经济体的范围又大过狭义的新兴市场概念。

综合上述分析，我们可以界定新兴经济体的范围。首先，新兴经济体不应该等同于全体发展中国家。正如前面所分析的，新兴经济体等相关概念的提出就是为了突出部分增长较快的发展中国家与其他发展中国家的不同才出现的，除非所有的发展中国家都具备了"新兴"这一特征，否则两者不应该等同。何况，如果要强调发展和增长的话，"发展中"本来就是一个很好的概念，无需创造一个新词。事实上，过去30年中有很多发展中国家的经济停滞不前甚至倒退，严格来说已经是"不发展"了，因此用"新兴"这一个概念来区分是有意义的。

其次，如果仅仅用二十国集团中的11个发展中国家来界定新兴经济体范围又太窄。这11个国家的共同点是经济规模较大，有一定的代表性，说它们是新兴大国是对的，但不能以此来代表所有的新兴经济体。何况二十国集团创立初始的目的是防范金融危机，并不完全是全球最大和最具代表性的新兴经济体的集合。印度尼西亚之所以能进入二十国集团不仅仅因为它是人口大国，也因为该国在1997年亚洲金融危机受创较重，在防范和应对金融危机方面有一定代表性。如果纯粹以发展水平和新兴市场特征来看，印度尼西亚未必比同处东南亚地区的马来西亚和泰国更有代表性。同样的道理，难道中东北非地区除了沙特阿拉伯，南美地区除了巴西、阿根廷，还有二十国集团中无代表的东欧地区就没有新兴经济体了吗？

因此，新兴经济体的界定应该在这两个极端之间。哪些国家和地区可以算作是新兴经济体呢？首先，新兴经济体是发展中国家的一个子集，应该具有发展中国家的特征，因此，发达国家不应包括在内。比如说摩根斯坦利新兴市场指数包括了以色列，而该国通常都被认为是发达国家，因此不应算作是新兴经济体。第二，这些国家和地区要有新兴经济体的特征，即增长迅速。比如说，有很多国际组织将亚洲"四小龙"视为发达经济体，因为这些国家不仅早已跨入高收入国家行列，且人类发展指标也和发达国家接近。但亚洲"四小龙"与发达国家最大的区别在于，其经济增长速度仍然很快，说明这四个经济体仍类似于发展中国家处于快速发展阶段，而不是像成熟发达国家那样增长缓慢。第三，这些国家和地区应该已经经历了一段时期的发展，取得了一定的发展成就，并显示出发展潜力。比如说，有一些发展中国家尽管增长很快，但由于起步较晚，起点较低，当前的发展水平仍较落后，暂时还不能算做是新兴经济体。另有一些发展中国家，虽然增长速度并不是很快，但经过长时间的积累，经济发展水平和市场化程度及规模已经达到一定程度，随着经济开放度的提升，对国际经济体的影响力也在上升，这样的国家仍可以算是新兴经济体。

世界银行按照收入水平（2008 年人均国民收入）将全球经济体划分为三大类：高收入（High Income）经济体在 11906 美元以上；中等收入（Middle Income）经济体在 976 美元和 11905 美元之间，其中将 3856 美元以上定义为中高等收入（Upper Middle Income）经济体，3855 美元以下定义为中低等收入（Lower Middle Income）经济体；975 美元以下定义为低收入（Low Income）经济体。

总体而言，收入水平和发展水平呈正相关关系。但由于发展是一个长期过程，有些国家特别是资源出口国有可能在短期内收入达到高收入水平，但发展水平提升相对缓慢，因此不能就此认为这些国家已经达到发达国家水平。发达国家之所以发达不仅仅体现在收入高上面，在经济结构、社会发展等多方面都有比发展中国家更先进的地方。以非洲的赤道几内亚为例，该国在 1995 年时还是一个低收入国家，但 1996 年发现石油之后，该国经济飞速发展，到 2008 年人均国民收入已高达 14980 美元，成为高收入国家。不过该国 2008 年的人均预期寿命只有 50 岁，仍然是一个典型的低收入国家的水平，因此无论如何也不能算是发达国家。但是，这样的国家发展如此迅速，收入水平也比较高，将其视为新兴经济体应该是没问题的。

有人认为应该选择经济总量较大的经济体，这样才能显示出这些经济体对世界经济增长的影响。2010 年 GDP 总量在 1000 亿美元的发展中国家和地区有 37 个，500 亿美元以上有 49 个，200 亿美元以上有 66 个。把界限划在哪里合适呢？即使是 200 亿美元以上，很多东欧国家都不符合条件，但这些国家有的经济发展水平相当高，与欧洲发达国家的差距已经很小，如果这些国家不算新兴经济体，谁有资格算新兴经济体？而且，仅以规模来划分恰恰会排除许多经济增长非常快的小经济体。例如，博茨瓦纳是过去 30 年整个非洲经济增长最快的国家，而且不是靠出口资源，完全是凭市场化改革和对外开放取得的成绩，一直被视为是最不发达国家脱贫致富的典范。如果仅仅因为经济总量小而不将该国算作是新兴经济体，这显然是不合理的。

也有人认为，为了更好地体现"新兴"的特点，应该把过去一段时期增长速度快的发展中国家和地区定义为新兴经济体。这样做同样会产生问题，原因是很多被公认为新兴经济体的一些发展中国家增长速度并不快。例如，墨西哥是拉美最大的发展中国家之一，也是 G20 成员之一，而且早在 1994 年就加入了经合组织，但该国的经济增长率自 20 世纪 80 年代以来始终低于新兴经济体的平均增长水平，仅和全球平均增长水平接近。如果以速度快慢作为划分依据的话，墨西哥就不能算新兴经济体，但这完全与现实和普遍的认识相左。

因此，按照经济规模和增长速度来划分都不是十分理想。本课题建议将中等收入和高收入的发展中国家定义为新兴经济体，而低收入国家仍然是发展中国家。这样，全球的经济体就可以根据发展水平和收入水平分成三大类：发达国家、新兴经济体、其他发展中国家。

按照世界银行的划分，低收入国家很好界定，而发达经济体和新兴经济体中有一些国家不太好划分。关键是哪些国家属于发达经济体，不同的机构和学者有不同的分类法。国际货币基金组织认为亚洲"四小龙"和欧盟成员国的东欧国家都算发达国家。正如我们前面所分析的，亚洲"四小龙"仍然表现出快速增长的特点，因此不能算是成熟的发达经济体。而欧盟的东欧国家有些发展水平还比较落后，如罗马尼亚和保加利亚，收入水平尚未达到高收入国家，显然不能算发达国家。但是，凡是加入欧元区的东欧国家如斯洛伐克和斯洛文尼亚两国可以视为是发达国家。还有人习惯把经合组织成员国看成是发达国家，但该组织也明显包括像墨西哥、土耳其这样重要的新兴经济体，因此这样的划分标准也是不科学的。还有一些高收入的小经济体不太好划分。本课题认为，那些位于欧洲的小经济体由于和欧洲发达国家一体化程度很高，完全可以视为是发达经济体。而位于欧洲之外的一些小经济体特别是一些小岛国，虽然是高收入国家，但其经济增长和结构具有一定特殊性，不完全具有发达国家的特点，因此不应视为是发达经济体。由于这些国家本身收入水平较高，可以算作是新兴经济体。由于这些经济体规模很小，因此在统计上不会产生实质性影响，但在概念上要划分清楚。

根据本课题这样的定义，发达经济体共有 34 个；其他发展中经济体有 43 个，大部分是最不发达国家，位于撒哈拉以南的非洲地区。而新兴经济体有 133 个，其中高收入的 OECD 国家有 3 个（韩国、捷克和匈牙利）；高收入的非 OECD 国家有 29 个；中高等收入水平的国家有 46 个；中低等收入水平的国家有 55 个。不论从数量还是总量上来看，新兴经济体都是左右世界经济的一股重要力量。

三、新兴经济体和三个世界

自 19 世纪工业革命发生以来，除了亚洲的日本之外，真正实现工业化和现代化的国家只有欧洲部分国家及其后裔建立的少数殖民地国家，这些国家也被称为发达国家。二战结束之后，大量的亚非拉国家获得了独立，成为发展中国家的主要组成部分，对于这些国家而言发展是第一要务。但经过几十年的努力，真正实现工业化或者接近发达国家水平的只有亚洲"四小龙"。进入 20 世纪 80 年代之后，很多发展中国家经济增长缓慢，甚至陷于停滞和倒退，以至于很多人认为亚洲"四小龙"只是特例，对于发展中国家赶超发达国家的前景感到十分黯淡。

但新兴经济体的崛起改变了这一局面。在亚洲"四小龙"之后，先是东南亚国家，然后是中国和印度这样的大国，以及前苏联和东欧国家，纷纷进行市场化改革并对外开放，积极参与国际分工，奠定了经济持续增长的基础。进入 21 世纪以来，随着大宗商品价格的上涨，拉美、非洲、中东等地区的发展中国家也迎来了全面增长。经过一段时期发展之后，新兴经济体完成了量变到质变的转化，作为一个整体，在国际经济中扮演了越来越重要的角色。

新兴经济体的出现具有重要意义。它不仅仅意味着世界经济格局的变化，更重要的是显示出相当一部分发展中国家已经取得了工业化和现代化的阶段性成果。随着越来越多的发展中国家步入新兴经济体的行列，越来越多的新兴经济体步入高收入国家行列，这意味着发展中国家可能找到了具有一定普遍意义的正确的发展道路和发展方式，曾一度困扰发展中国家的发展问题甚至赶超发达国家的挑战也在某种程度上得到了解决。但是，这种发展和变化是一个动态的过程。有的经济体在大步向前发展，有的经济体却陷入停滞甚至倒退的局面。再经过若干年的发展，有些新兴经济体可能会正式步入发达国家的行列，有些新兴经济体也可能会倒退回低收入国家，这种先例也不是没有。但总体而言，世界经济是向前发展的，新兴经济体的规模和影响在可以预见的未来将越来越大。

正如本文前面所分析的，随着新兴经济体的涌现，全球200多个经济体根据发展水平自然而然地形成了三个大的类别：发展水平最高的是发达经济体，其次是新兴经济体，第三是其他发展中经济体。这种划分方法和以前的三个世界理论有非常相似的地方。

三个世界的概念最早是由西方学者提出的。1952年法国经济学家Alfred Sauvy将广大发展中国家称为第三世界，其本意是形容当时的发展中国家就像法国大革命前的第三等级，处于社会的底层但要争取自身的权益。与此同时，由于东西方处于冷战时期，以美国为首的北约组织和以苏联为首的华约组织形成两大集团对抗。许多发展中国家为了显示自己的中立不结盟政策，开始以第三世界自居。而渐渐地，所有的发达国家都被视为是第一世界，苏联和东欧国家则被视为是第二世界。这是西方国家普遍认同的三个世界理论。

在中国，20世纪70年代，毛泽东根据当时的世界政治和经济格局也提出了自己的三个世界理论。他认为，美国和苏联是两个超级大国，因此是第一世界，而发达国家是第二世界，广大发展中国家是第三世界。后来，邓小平同志在1974年联合国大会上对此进行了进一步的阐述："从国际关系的变化看，现在的世界实际上存在着互相联系又互相矛盾的三个方面、三个世界。美国、苏联是第一世界。亚非拉发展中国家和其他地区的发展中国家，是第三世界。处于这两者之间的发达国家是第二世界"。

西方国家提出的三个世界概念和毛泽东的三个世界理论有一个共同点，都是以国际政治格局为基础对全球不同的国家进行划分，而且把亚非拉地区的发展中国家都界定为第三世界，具有鲜明的时代特征。当时，大部分发展中国家刚刚获得民族独立，面临美苏两个超级大国及其军事集团在全球范围内展开的争斗，维护主权完整和独立、反对霸权主义是一个艰巨和重要的任务。

但随着冷战的结束和苏联以及华约组织的解体，和平与发展成为世界潮流，继续按照旧有的国际政治格局划分三个世界已经失去了理论和现实的基础。而新兴经济体的崛起使全球200多个经济体自然而然地按照不同的发展水平分成三个群体，我们完全可以据此重新定义三个世界：发达经济体为第一世界，新兴经济体为第二世界，其他发展中经济体为第三世界。

如此划分三个世界具有重要的意义。首先，当今世界和平与发展是主流，各国的首要任务是发展经济，由于经济基础决定上层建筑，国家利益首先反映的是经济利益。处于同一发展水平的国家往往有相类似的利益和诉求，按照发展水平划分三个世界充分反映出这一经济现实。也有的学者按照类似的方法重新定义了三个世界，但仍是从国际政治的角度为视点。如《第二世界》一书将新兴经济体定义为第二世界，虽然充分肯定了新兴经济体崛起的重要意义，但将其视为是美国、中国、欧盟三个"超级大国"角逐和划分势力范围的战场。可见，其思维仍是冷战式的，没有真正反映当今世界发展的主流和现实，其结论很难令人信服。

其次，重新定义三个世界也充分反映了新兴经济体崛起这一现象。新兴经济体是发展中国家的一部分，通过快速增长在工业化和现代化方面取得了阶段性成果并表现出未来的发展潜力，已经不再是传统意义上的发展中国家。曾有国外研究者将新兴经济体定义为第四世界，以反映新兴经济体与其他发展中国家的不同。但这样划分并不是按照发展水平高低进行的，第四世界的发展水平比第三世界高，但又比第一世界低，其内在逻辑有一定的矛盾，容易引起歧义。而把新兴经济体定义为第二世界既反映了新兴经济体脱身于第三世界所取得的成就，也说明新兴经济体具有赶超第一世界的潜力。

最后，对于政策制定者和研究者而言，对三个世界的重新定义有助于明确世界经济格局的变化和自身的定位，有助于我国有的放矢地与不同发展水平的经济体开展对外经济关系。经过30多年的改革开放，中国的综合国力和国际地位已经有了显著提升，中国虽然仍是一个发展中国家，但已经不是一个贫穷落后的发展中国家，中国的国际诉求和以前已经有了很大不同，与不同发展水平经济体的经济关系也发生了显著变化。同时我们也应该认识到，世界上还有一批像中国这样的发展中国家也在快速增长，世界经济格局和国际经济关系因为新兴经济体的崛起也发生了很大变化。比如说，对于经济发展水平依然比较落后的低收入发展中国家，我国可能在与对方开展对外经济关系时应该更侧重帮助对方实现发展，而在和新兴经济体打交道的时候可能要更侧重开拓市场机遇并且在全球经济治理中协调立场、谋求共同发展。只有正确把握自身的定位和世界经济格局的变化，不拘泥于过去的认识和理念，我们才能有效应对这些变化给我国带来的机遇和挑战，积极开拓对外经济关系的新思路，为实现我国和平崛起创造良好的外部环境。

第二章　新兴经济体增长的特征事实

进入新世纪以来，世界经济格局出现的一个最显著的变化就是新兴经济体的快速增长。尽管金融危机也给新兴经济体造成了很大冲击，但由于危机主要集中在发达国家，新兴经济体的复苏显得更加强劲有力。在这种此消彼长的情况下，新兴经济体发展的势头似乎愈发明显。本章描述近年来新兴经济体经济增长的特征事实。通过与不同发展水平的国家经济增长水平相比较，以及新兴经济体内部不同年代、不同地区、不同收入组别的分析，总结新兴经济体经济增长的规律，为进一步研究新兴经济体发展的可持续性提供现实基础。

一、新兴经济体的经济增长

1. 新兴经济体对世界经济增长的影响

从图 2.1 可以看出，新兴经济体占全球经济的比重自 20 世纪 90 年代以来稳步上升，从 1991 年的 18.1% 上升到 2010 年的 35.8%。几乎上升 1 倍。而相对应地，发达经济体的份额逐步下降，其他发展中经济体则基本保持不变。而在 80 年代新兴经济体的份额曾出现一定程度的下降，这主要是因为当时拉美、中东、东欧以及前苏联地区经济出现停滞和倒退有关，而且由于上述数据采用的是现价美元，部分新兴经济体汇率的大幅贬值也是一个原因。

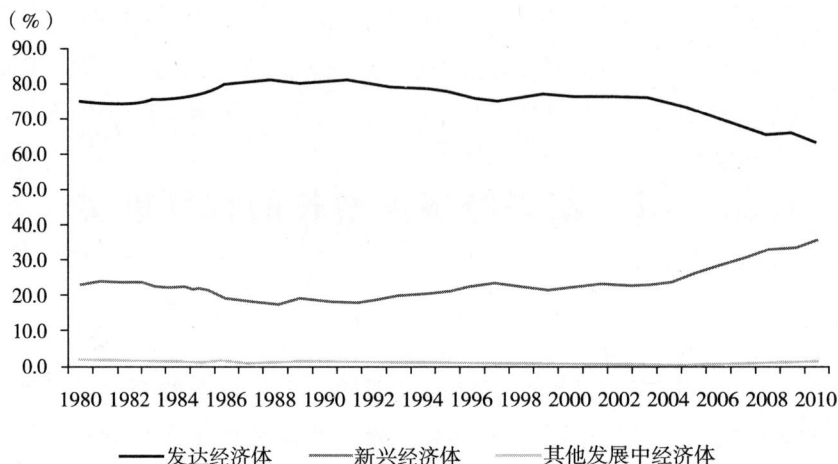

图 2.1   三大类经济体占全球 GDP 的份额（现价美元）

数据来源：IMF 世界经济展望数据库，2010 年为估计值。

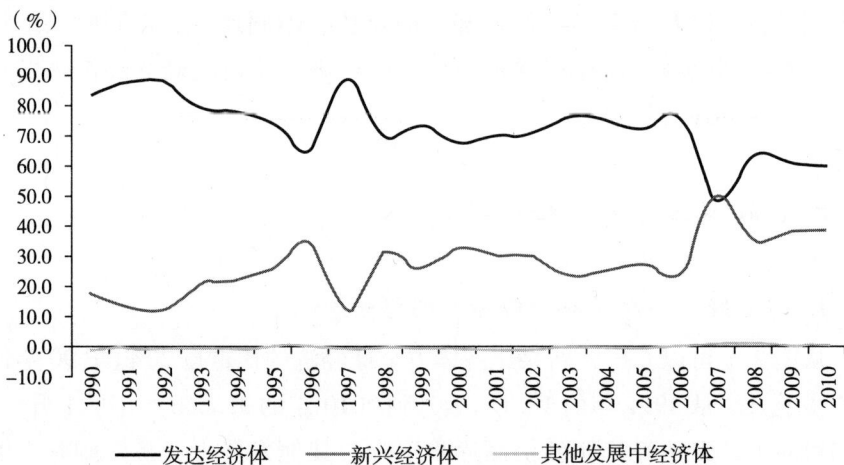

图 2.2   三大类经济体对全球经济增长的贡献率（现价美元）

数据来源：IMF 世界经济展望数据库，2010 年为估计值。为了消除汇率和负增长年份产生的波动，贡献率均采用 10 年移动平均值，因此 2010 年的数值是 2001～2010 年 10 年贡献率的平均值。

如果计算不同类别经济体对全球经济增长的贡献率，新兴经济体贡献率上升的趋势依然明显。为了消除汇率特别是负增长年份可能对结果的影响，我们对实际数据 10 年移动平均值来平滑。从图 2.2 可以看出，新兴经济体对全球经济增长的 10 年平均贡献率从 1991 年的 12.4% 上升到 2010 年的 39.4%。实际上,进入 21 世纪以来,新兴经济体快速增长,对全球经济增长的贡献越来越高。根据 IMF 的数据计算,2010 年新兴经济体对全球经济增长的贡献率高达 73.1%,其中中国自 2007 年起就连续成为对世界经济增长贡献最大的国家。

2. 不同类别经济体增长比较

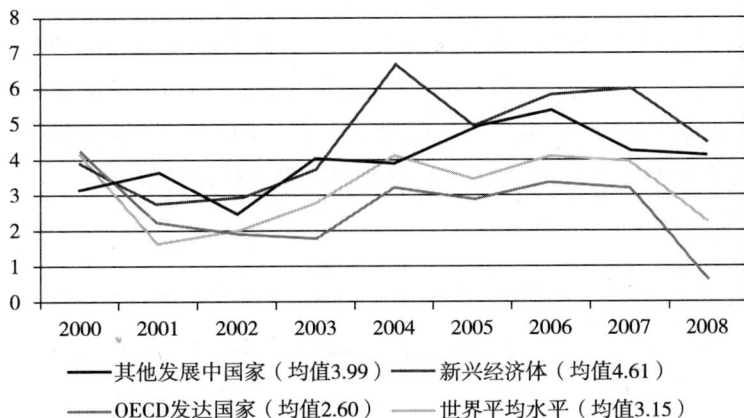

图2.3　不同收入水平的国家经济增长速度比较:2000~2008 (%)

资料来源:联合国国家账户主要变量数据库。

经济发展不平衡仍然是进入新世纪以来较为明显的特征,突出体现在新兴经济体相对于发达经济体和其他发展中经济体更为强劲的增长。图 2.3 给出了 2000~2008 年其他发展中国家、新兴经济体、发达国家以及世界平均水平的实际 GDP 增长速度。新兴经济体的实际 GDP 增速明显快于其他发展水平的国家组别。自 2000~2008 年间,年均实际 GDP 增速达到 4.61%,高出世界平均水平约 1.5 个百分点。其他发展中国家的增长绩效也好于世界平均水平,年均增速接近 4%。发达国家的增速最慢,位于世界平均水平之下,年均 2.6%。

新兴经济体内部的增长也并不一致。金融危机期间,中国和印度的增长较为引人瞩目。由于较为稳定的宏观经济环境以及有效的财政政策刺激,中国在2009年实现了9.2%的经济增长,为世界和其他国家地区的经济反弹与复苏提供了重要动力。在偏向内需的增长模式以及政府的经济政策刺激下,印度在2009年经济增长率也达到5.6%。而在此期间,巴西、墨西哥和俄罗斯的经济表现则没有中印显著。受金融危机影响,2009年,巴西经济增长率为 -0.4%,略高于世界平均水平,而俄罗斯和墨西哥则表现较差,分别以 -9% 和 -6.8% 的经济增长率成为全球金融危机的重灾区。尽管如此,这没有改变新兴经济体较快增长的趋势(图2.4)。根据IMF对2010年和2011年的预测,巴西、墨西哥和俄罗斯经济增长将快速反弹,增长幅度明显高于先进经济体的整体水平,而与世界整体水平不相上下。此外,自2001年以来,发达经济体的经济增长率一直低于世界经济增长率,且基本趋势是两者间的差距在拉大,同时,中国、印度以及危机前的俄罗斯其经济增长态势都是在以越来越大的幅度超过世界经济增长率。

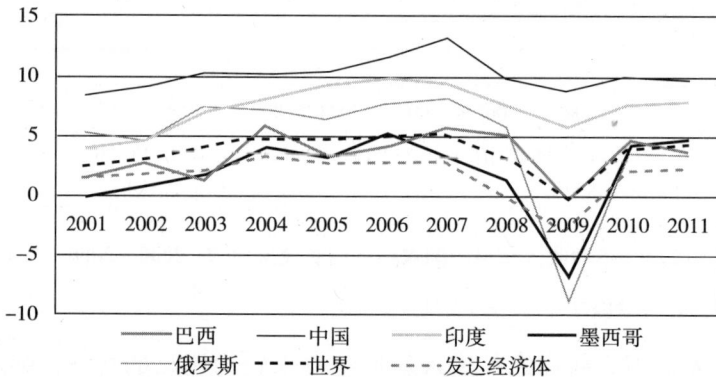

图2.4 部分新兴经济体国家与发达经济体实际 GDP 增速: 2001 ~ 2011

资料来源:IMF世界经济展望。

3. 不同地区新兴经济体的增长比较

新兴经济体内部经济增长的差异体现在同一时期不同地区的增长差异和同一地区在不同时期内增长的差异。我们将新兴经济体按地理区域作了分组,即亚太地区,欧洲地区,美洲地区,中东地区、非洲地区,考察不同地区在同一时期的增长差异和同一地区随时间发生的变化。

图2.5给出了新兴经济体不同地区及不同年代的实际 GDP 增长情况。

可以看出，亚太地区的新兴经济体自20世纪70年代以来，实现了经济的稳定快速增长。自1971年至2008年，亚太地区年均增长4.95%，位居其他地区之首。且增长较为稳定，标准差最小（亚太地区GDP增速的标准差为2），经济波动较小。即使是受东南亚金融危机的较大冲击，亚太地区新兴经济体在20世纪90年代也实现了4.04%的实际GDP增长。非洲的新兴经济体在此期间同样表现不俗，经济维持了年均4.68%的增长，且增速较为稳定。相比亚太和非洲地区的新兴经济体，中东、拉丁美洲和东欧的经济在增长的同时，也经历了较大波动。受70年代石油危机带来的石油价格上涨的影响，中东地区的新兴经济体在70年代实际GDP增速达到8.32%，而80年代国际石油价格的下降也就直接导致中东地区GDP增速的下降。受债务危机的影响，拉丁美洲地区新兴经济体20世纪80年代的经济增速比70年代明显下降。受苏联解体和东欧变革的影响，东欧的新兴经济体20世纪90年代的经济增长速度下降为1.38%。

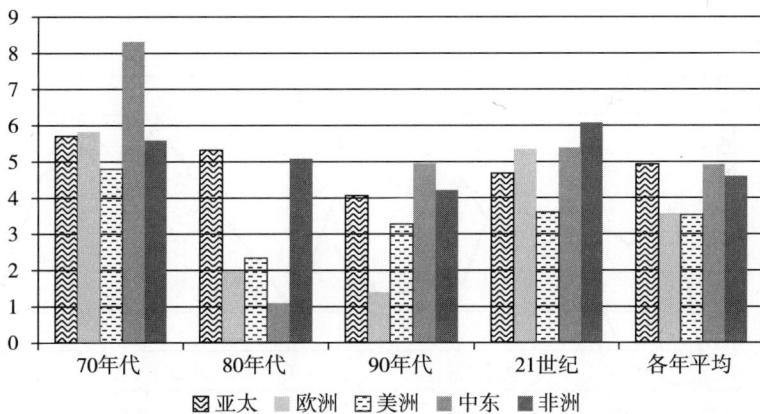

图2.5　不同地区新兴经济体实际GDP增速：1971~2008（%）

资料来源：联合国国家账户主要变量数据库。

通过分析各地区新兴经济体在不同年代的经济增长情况，我们发现，自20世纪70年代至2008年，亚太地区和非洲地区的新兴经济体实现了稳定快速的增长，而中东、拉丁美洲和欧洲新兴经济体则由于受到该地区政治经济等因素的冲击，经济虽然在增长，然而也伴随着较大的波动；从时间上看，相比其他地区，中东地区的新兴经济体在20世纪70年代和90年代实现了最快的增速（8.32%，4.97%），亚太地区的新兴经济体在80年代的增速最快（5.33%），非洲地区的新兴经济体在进入21世纪后实现了最快的增长（6.09%）；从地区上看，平均而言，亚太地区的实际GDP增速最快，然后为中东、非洲、欧洲地区的新兴经济体，经济增速最慢的是拉丁美洲的新兴经济体；进入21世纪以来，各地区的新兴经济体均实现了稳定快速的增长。

4. 不同收入组别新兴经济体的增长比较

不同收入组别的新兴经济体经济增长也存在差异。我们根据联合国收入水平划分的标准，将新兴经济体分为三类：高收入新兴经济体、中高收入新兴经济体和中低收入新兴经济体，来分析不同收入组别的新兴经济体经济增长的特点。如图2.6所示，高收入水平的新兴经济体在90年代增长速度略高于中等收入水平的新兴经济体，而进入21世纪后，中低收入水平的新兴经济体的增长速度逐渐领先于高收入和中高收入水平的新兴经济体国家。

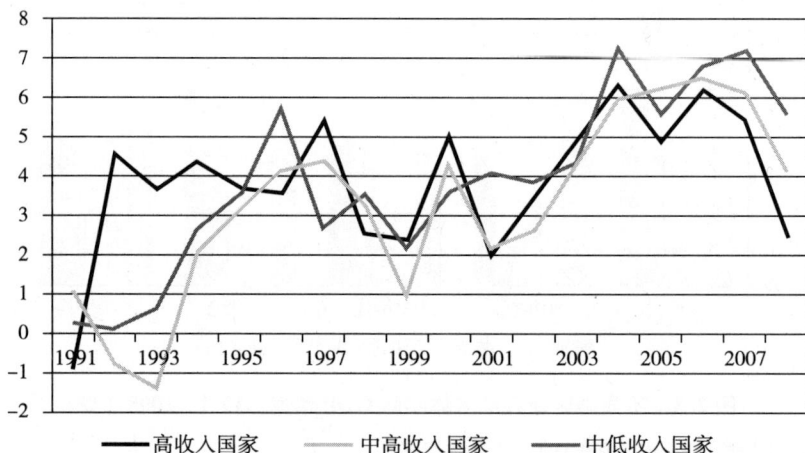

图2.6　不同收入组别的新兴经济体实际GDP增速比较：1991～2008（%）
资料来源：联合国国家账户主要变量数据库。

值得注意的是，不同收入组别的新兴经济体的增长速度存在上升的趋势。为更加明确，我们在图2.6数据的基础上，分析了其剔除波动之后的增长趋势。如图2.7所示，不论哪种收入水平的组别，其经济增长都存在不断上升的趋势。其中，中等收入水平的新兴经济体的上升趋势比高收入组别趋势更明显。新兴经济体增长速度明显的上升趋势反映了新兴经济体的赶超事实，说明新兴经济体可以发挥其后发优势，学习利用发达国家已有的成熟技术，进而消化吸收加以创新，同时促进国内结构的合理变化，提高经济效率，实现经济的快速增长。

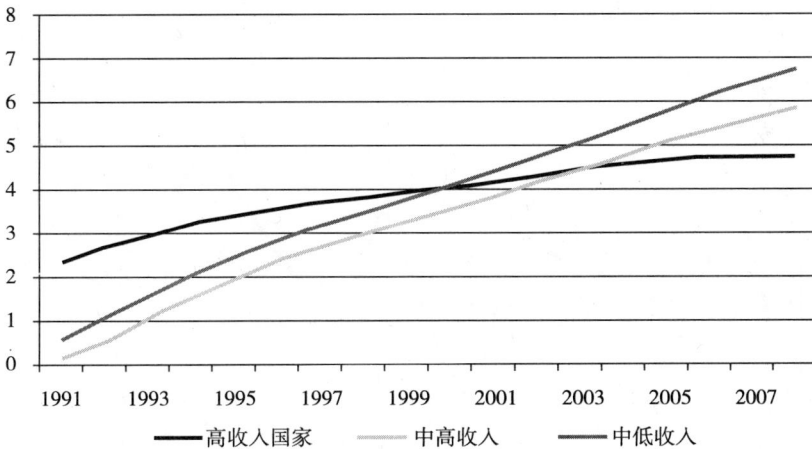

图 2.7　不同收入组别的新兴经济体实际 GDP 增长趋势：1991～2008

注：图中曲线为相应收入水平国家增长速度的 HP 趋势。

资料来源：联合国国家账户主要变量数据库。

通过描述和分析新兴经济体经济增长的事实，可以直观地理解新兴经济体经济增长过程中呈现出的特征。这些特征主要是：进入 21 世纪以来，新兴经济体表现为群体性的崛起；新兴经济体内部增长不平衡；自 20 世纪 70 年代至 2008 年，亚太地区和非洲地区的新兴经济体实现了稳定快速的增长，而中东、拉丁美洲和欧洲新兴经济体则由于受到该地区政治经济等因素的冲击，经济增长的同时伴随着较大的波动；进入 21 世纪，各地区的新兴经济体均实现了稳定快速的增长；不同收入组别的新兴经济体的增长速度存在上升的趋势；高收入水平的新兴经济体在 90 年代增长速度略高于中等收入水平的新兴经济体，而进入 21 世纪后，中低收入水平的

新兴经济体的增长速度逐渐领先于高收入和中高收入水平的新兴经济体
国家。

5. 不同规模新兴经济体的增长比较

很多人认为，经济总量较大的发展中国家才应该算是新兴经济体。我
们把中等收入以上的发展中国家和地区按照 2008 年 GDP 总量分成三组：
1000 亿美元（现价）以上、100 亿美元和 1000 亿美元之间、100 亿美元以
下，然后比较其增长速度。

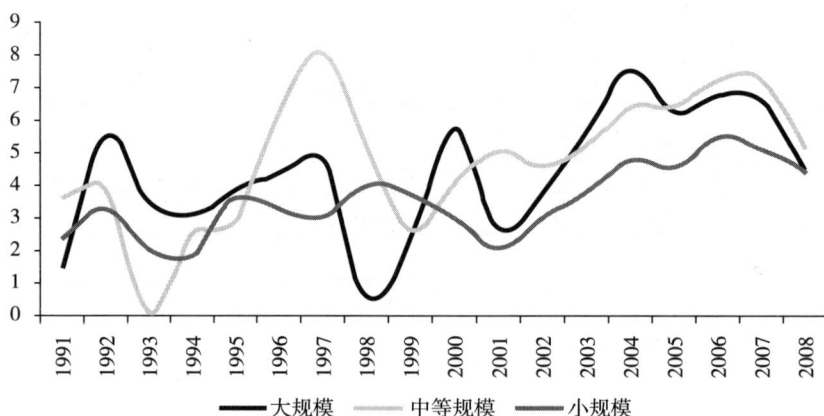

图 2.8　不同经济总量新兴经济体增速（%）

数据来源：联合国国民账户数据库、IMF 世界经济展望数据库，取各经济体的算术平均值。

1991～2008 年，中等规模新兴经济体 GDP 平均增长速度为 4.8%，高
于大规模新兴经济体的 4.4% 和小规模新兴经济体的 3.5%，三者均明显高
于同期全球 2.7% 的增长速度。进入新世纪以来，三者的增长速度进一步提
升，2001～2008 年的平均增长速度分别达到 5.9%、5.5% 和 4.2%，与同期
全球 2.9% 的平均增速的差距进一步拉开。但从增长的波动幅度来看三者的
排序正好相反，小规模新兴经济体增长最稳定，大规模新兴经济体次之，
中等规模新兴经济体波动幅度最大。

由于小规模新兴经济体增长速度相对低，其经济总量占整个新兴经济
体的比重从 1991 年的 1.2% 下降到 2008 年的 0.7%。尽管中等规模新兴经

济体增速较快,但由于基数效应,其占整个新兴经济体经济总量的比重也从 1991 年的 9.7% 下降到 2008 年 8.2%。而大规模新兴经济体的比重从 1991 年的 89.2% 上升到 91.1%。因此,那种认为新兴经济体的崛起主要是新兴大国的崛起的观点是有一定道理的。但正如前面的分析所显示的,由于中等收入以上的发展中国家增长速度普遍高于世界平均水平,将一些中小规模的发展中国家定义为新兴经济体也无不妥。

我们还可以按照 GDP 增长速度把新兴经济体划分为高速、中速、低速三个组别。其中,2001~2008 年平均 GDP 增速在 5.3% 以上的定义为高速,增速在 4% 至 5.3% 之间的定义为中速,低于 4% 的为低速。需要说明的是,这里速度的高低都是相对于新兴经济体而言,很多低速组别新兴经济体的增长速度仍然显著高于全球平均水平。从图 2.9 中可以看出,大规模新兴经济体以中速和高速增长为主,但也有部分重要的新兴大国增速较慢。中等规模新兴经济体以高速和中速为主,而小规模新兴经济体以低速增长为主,但也有相当一部分属于高速增长组别。因此,不论是以增速还是以经济总量划分,都很难以"一刀切"的方式对新兴经济体进行分类。

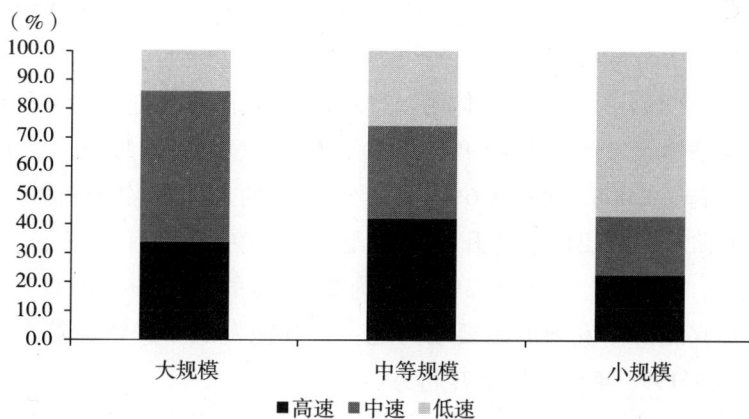

图 2.9 不同经济总量新兴经济体增速分布

数据来源:联合国国民账户数据库、IMF 世界经济展望数据库,取各经济体的算术平均值。

二、新兴经济体产业结构的变动

根据发展经济学的理论，一个国家在经济发展过程中，产业结构会出现显著变化。随着人均收入水平的增长，制造业和工业在总产出和就业中所占份额会上升，而农业所占份额会呈现下降的趋势。工业产出增长称为现代经济增长和经济结构转型的一个组成部分。在此背景下，工业化不仅是对需求条件和供给条件变化的反应，而且也是获得现代技术的一个基本手段。如东亚新兴经济体，特别是中国香港、韩国、新加坡和中国台湾的成功发展，极大地支持了主张发展战略由内向型转为外向型的理论观点。这些经济体依靠自身的比较优势和发达国家产业转移的机遇，积极发展外向型经济，实现了经济的快速增长。这些新兴经济体走出了一条新型的工业化道路，其特点是制造业增长异常迅速，这种增长以制造业参与世界经济活动的程度不断提高为基础。但是，也有很多以资源密集型产业为主导的发展中国家通过出口资源类产品实现了经济的增长，如果仅以制造业的比重来衡量其工业化水平可能会出现比较大的偏差，因此最好的办法是用包括采掘业在内的第二产业占国民经济的比重来度量一个经济体的工业化水平。

图 2.10 给出了三大类经济体第二产业占 GDP 比重的变化趋势。可以看出，发达经济体第二产业占 GDP 的比重呈现出明显的下降趋势，从 1991 年的 24.8% 下降为 2008 年的 19.6%。与此相对应的是，新兴经济体的第二产业比重在此阶段呈现出波动上升。20 世纪 90 年代中期以后，第二产业的比重上升较快，从 1998 年的 28.3% 上升为 2008 年的 34.2%，说明工业化是这一阶段新兴经济体发展的主要动力之一。其他发展中经济体第二产业比重较低，但在 1998 年后也呈上升趋势。

三大类经济体第二产业占比的变化情况一定程度上可以证明发展经济学中所说的库兹涅茨效应，即低收入水平国家在工业化未启动之前，第二产业占经济比重低，中等收入以上的发展中国家处于工业化发展阶段，第二产业占比较高，发达国家工业化已经完成，第二产业占比不断下降。因此，第二产业占比应该随收入水平呈现出"倒 U 型"曲线的形态。

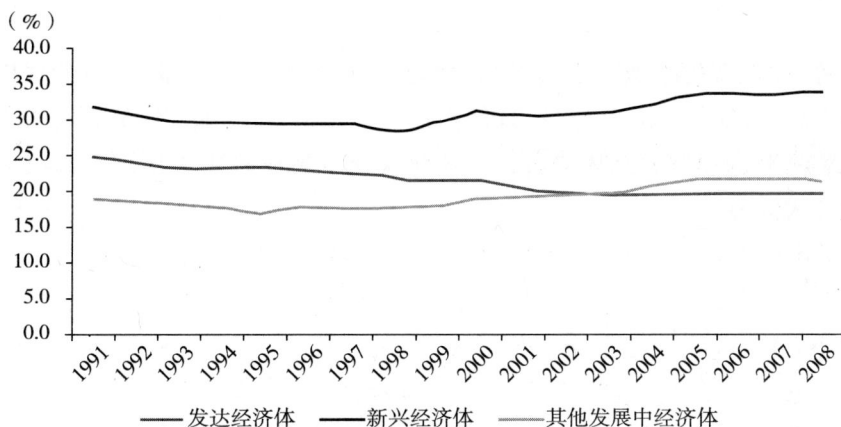

图 2.10　三大类经济体第二产业占 GDP 的比重

资料来源：联合国国家账户主要变量数据库。

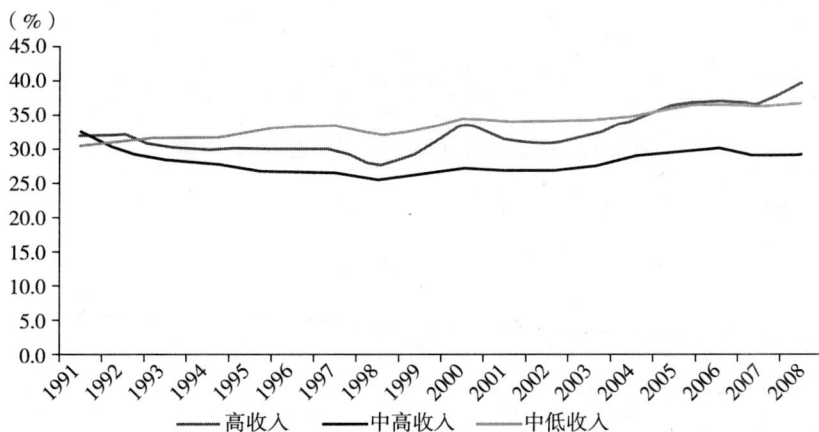

图 2.11　不同收入组别新兴经济体第二产业占比

资料来源：联合国国家账户主要变量数据库。

我们可以进一步观察不同收入组别新兴经济体第二产业占 GDP 比重的变化情况。从图 2.11 中可以看出，高收入新兴经济体第二产业占比最高，但中低收入组别的新兴经济体第二产业占比速度上升最快、趋势最明显。高收入新兴经济体第二产业占比波动较大，在 20 世纪 80 年代有较大幅度回落，从 90 年代中后期开始又快速上升。这是因为该类经济体当中有很多能源和资源出口国，这些国家的采掘业随着大宗商品价格的变动而表现出上述趋势。而中高收入组别的新兴经济体第二产业占比自20世纪90年代以来不断下降，说明这部分新兴经济体在过去一段时期有可能存在落入"中等收入陷阱"的问题。总体而言，工业化快速发展阶段主要出现在高收入和中低收入阶段。

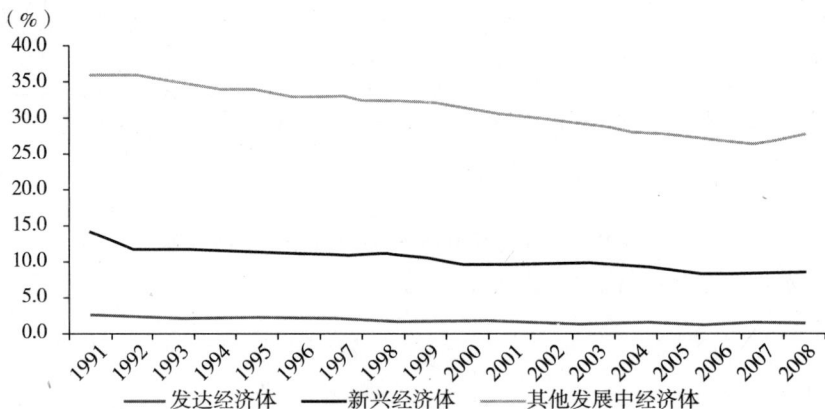

图 2.12　三大类经济体第一产业占 GDP 比重

资料来源：联合国国家账户主要变量数据库。

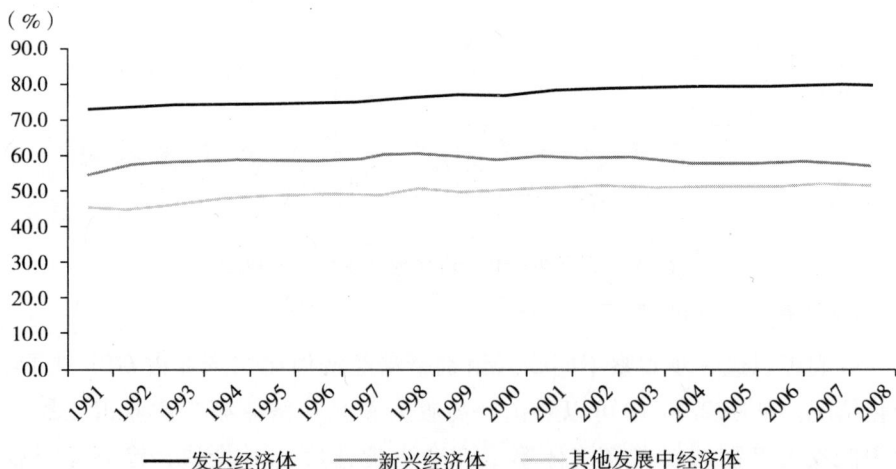

图 2.13　三大类经济体第三产业占 GDP 比重

资料来源：联合国国家账户主要变量数据库。

　　图 2.12、图 2.13 分别显示了三大类经济体第一产业和第三产业占 GDP 比重的变动情况。从图中可以看出，发达经济体第一产业占比最低，新兴经济体排中间，其他发展中经济体最高；第三产业占比则正好相反。这充分说明三大类经济处于不同的发展阶段。

　　值得注意的是，1990 年以来，三大类经济体第一产业占比都在下降，第三产业占比都在上升。综合前面的分析，发达国家第一、第二产业的比重都在下降，第三产业的比重在不断上升，反映出发达国家进入后工业化阶段的特征。新兴经济体和其他发展中经济体第一产业比重都在下降，第二、第三产业比重在上升，反映出工业化、城市化发展阶段特征。

　　不同收入水平的新兴经济体也体现出明显不同的产业结构特征。图 2.14 显示，收入水平越高，第一产业占比越低。三个收入组别新兴经济体第一产业占 GDP 比重下降都很明显，其中高收入新兴经济体第一产业占比和发达经济体非常接近。第三产业占比的变化更为复杂一些。高收入经济体第三产业占比自 20 世纪 90 年代以来出现下降，甚至低于中高收入组别的新兴经济体。而中高收入组别和中低收入组别第三产业占比都在上升，但上升幅度并不明显。

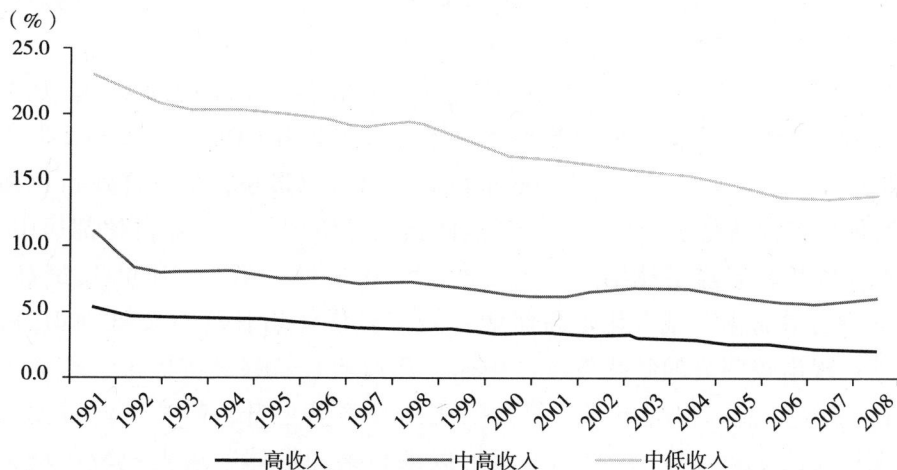

图 2.14　不同收入组别新兴经济体第一产业占 GDP 比重

资料来源：联合国家账户主要变量数据库。

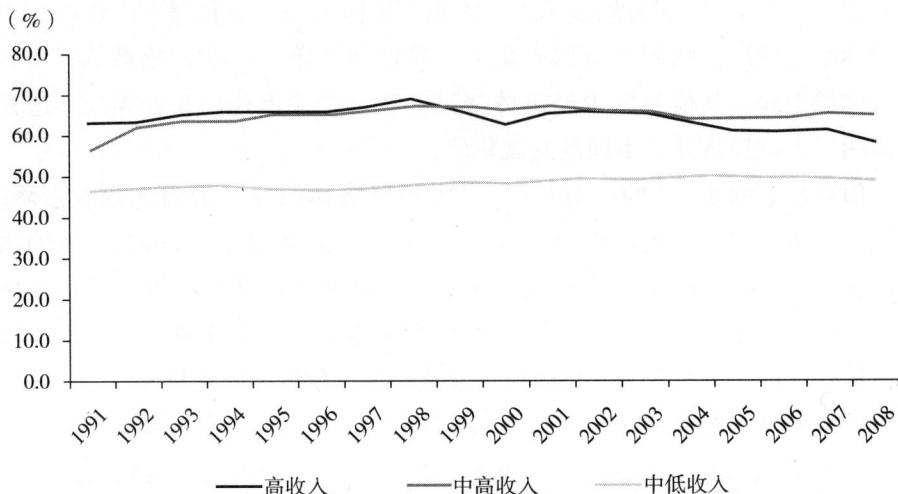

图 2.15　不同收入组别新兴经济体第三产业占 GDP 比重

资料来源：联合国国家账户主要变量数据库。

从不同经济规模来看，大规模新兴经济体的三次产业结构变动与中小规模新兴经济体没有明显的区别，都表现出农业比重下降，工业和服务业比重上升的趋势，而且三次产业的绝对值差别也不大。这说明，不同规模的新兴经济体都表现出"新兴"的特征。

下面我们可以进一步考察不同增速新兴经济体产业结构的变动。从图 2.16 可以看出，高速增长的新兴经济体第一产业占 GDP 比重最高，但下降也最快，其第二产业占 GDP 比重最高，增长也最快，第三产业占比最低，但始终保持稳定增长。中等增速的新兴经济体三次产业占比都居中，而低速增长新兴经济体第一、第二产业占比最低，第三产业占比最高。这反映出工业化、城市化是高速增长新兴经济体增长的重要推动力量，而且表现出较明显的赶超效应。中速、低速增长新兴经济体第二产业占比在 1998 年前都出现下降，但之后则出现显著上升，第三产业占比则出现相反的变化。这也符合 21 世纪以来新兴经济体普遍出现较快增长的事实。

（%）

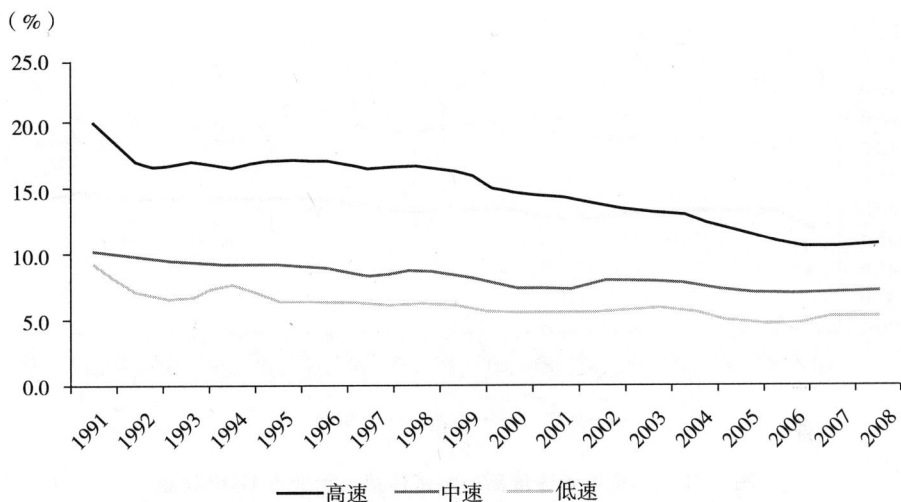

图 2. 16　不同增长速度新兴经济体第一产业占 GDP 比重

资料来源：联合国国家账户主要变量数据库。

（%）

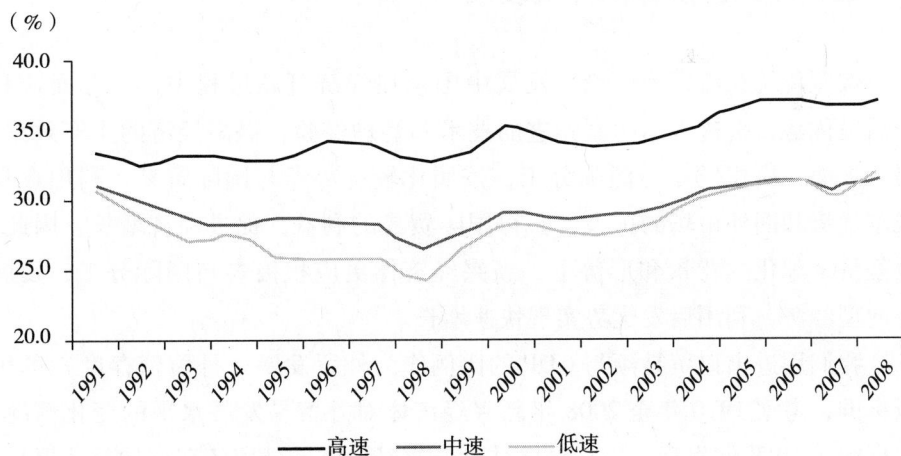

图 2. 17　不同增长速度新兴经济体第二产业占 GDP 比重

资料来源：联合国国家账户主要变量数据库。

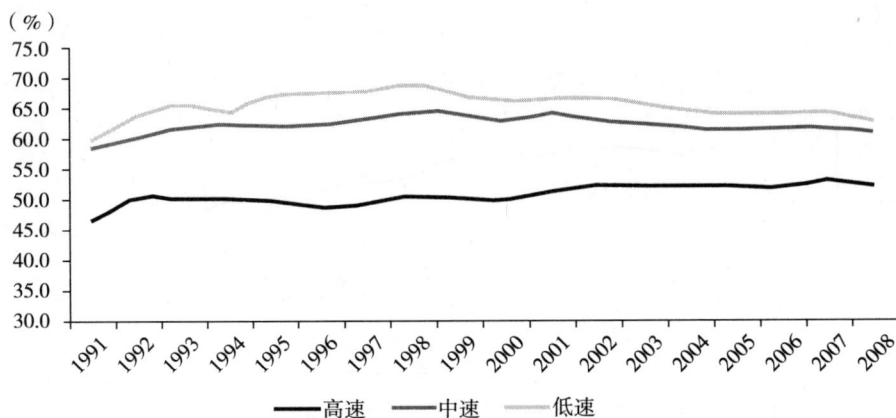

图 2.18　不同增长速度新兴经济体第三产业占 GDP 比重

资料来源：联合国国家账户主要变量数据库。

三、新兴经济体的外贸发展

按照传统经济发展理论，发展中国家在经济赶超过程中，一方面应利用后发优势，引进发达国家先进的技术和管理经验，提高经济的生产效率；另一方面，应积极参与国际分工，按照比较优势参与国际贸易，利用自身成本优势和国外市场的扩大，获得国际贸易的利益，促进经济增长。因此，在经济全球化的背景和形势下，新兴经济体更应积极参与国际分工，发展外向型经济，利用后发优势实现快速增长。

我们用进出口贸易额与 GDP 的比例作为外贸发展（外贸依存度）的衡量标准，考察 1970 年至 2008 年新兴经济体对外贸易发展水平的变化情况。根据图 2.19 我们发现，发达经济体和新兴经济体的外贸依存度均显著提高，这表明各国参与国际分工的程度不断加深，体现了经济全球化的趋势。其中，发达经济体的外贸依存度由 1970 年的 25.7% 上升为 2008 年的 56.2%，而新兴经济体的外贸依存度则由 1970 年的 17.2% 上升为 2008 年的 79.9%。在 20 世纪 90 年代以前，新兴经济体的贸易依存度还低于发达国家，但之后则显著超出。这表明，积极参与国际分工、大力发展外向型经济，可能是新兴经济体快速发展的重要原因。

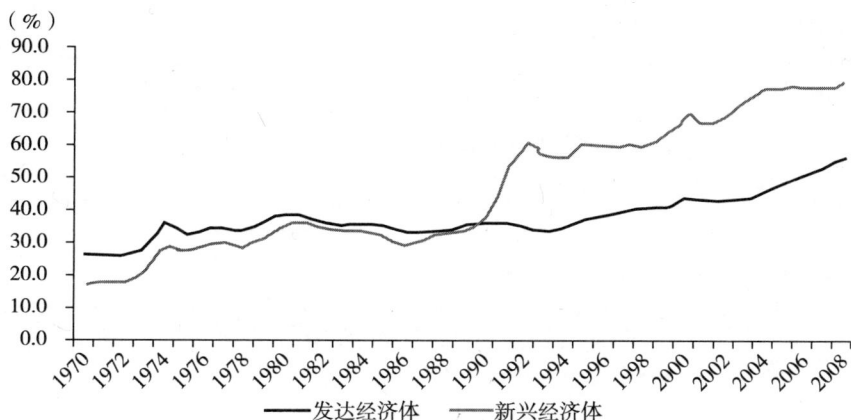

图 2.19 发达经济体和新兴经济体对外贸易依存度

资料来源：联合国国家账户主要变量数据库。

通过对不同收入组别的分析，可以发现新兴经济体内部外贸发展水平的差异。三个收入组别新兴经济体的外贸依存度都在上升。其中高收入组别的外贸依存度要远远高于中高和中低收入组别，这在很大程度上是因为该组别包括了很多能源和资源出口国，这些国家外贸依存度很高。而中高收入和中低收入新兴经济体的外贸依存度在 20 世纪 90 年代以前同样低于发达经济体，在这之后则超过。中低收入组别新兴经济体的外贸依存度基本上要高于中高收入经济体，从一定程度上说明中低收入新兴经济体发展外向型经济，推进工业化快速发展的特点。

对不同规模新兴经济体的外贸依存度我们做了进一步细分，从出口和进口两个方面来考察。从图 2.21 可以看出，1991 年以来，不同规模的新兴经济体的进出口依存度都显著上升，中小规模新兴经济体的进出口依存度虽然高于大规模新兴经济体，但大规模新兴经济体上升幅度要更明显。而且，大规模新兴经济体的出口依存度明显高于进口依存度，这主要是因为新兴大国包括了一些主要的资源出口国和制造业大国。也说明对外开放特别是出口增长可能也是推动新兴大国经济增长的一个重要因素。

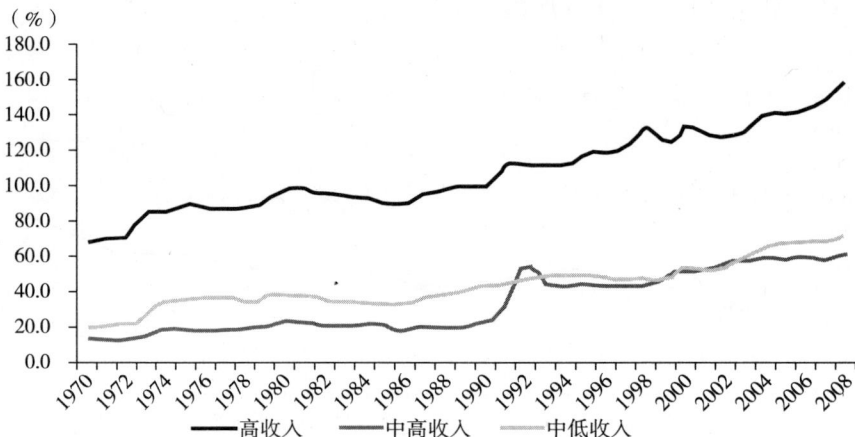

图 2.20　不同收入组别新兴经济体的外贸依存度

资料来源：联合国国家账户主要变量数据库。

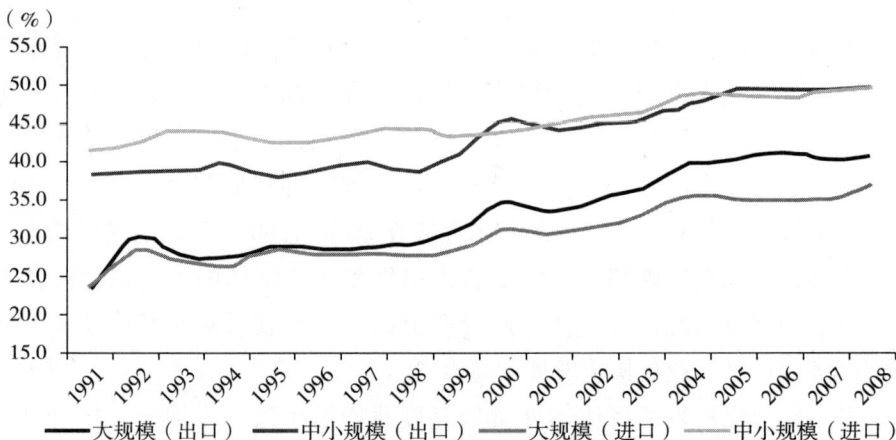

图 2.21　不同规模新兴经济体的进出口依存度

资料来源：联合国国家账户主要变量数据库。

　　我们在这一部分分析了新兴经济体快速发展的特征事实。通过对不同收入水平、不同地区和不同年代经济增长的比较，我们发现从 20 世纪 70 年代以来，尤其是进入新世纪以来，新兴经济体作为一个整体，增长速度明显高于发达国家。通过分析新兴经济体的产业结构的变化，我们发现 20 世纪 90 年代以来，新兴经济体的第二产业占经济的比重不断上升，显示出明显的工业化进程。对新兴经济体外贸依存度的分析表明，自 20 世纪 70 年代以来，新兴经济体积极发展外向型经济，参与国际分工，国际贸易对新兴经济体的经济发展起到了重要作用。然而，对新兴经济体这种快速的经济增长的特征事实的描述，并不能帮助我们回答新兴经济体增长是否具有可持续性的问题。新兴经济体的增长是主要依靠要素投入，还是在经济增长的过程中经济的生产效率在显著提高，有待于我们进一步做规范的实证分析和研究。

第三章　新兴经济体增长的实证研究

进入新世纪以来，新兴经济体在世界舞台上扮演着越来越重要的角色。如果将二十国集团中的 11 个发展中国家作为新兴经济体的代表，2009 年这些国家的 GDP 总量合计为 12.78 万亿美元，占全球经济体总量的 22.1%，其中部分国家的 GDP 已经超过除美国和日本之外的其他发达国家。新兴经济体在全球经济治理中的地位也相应提升，其中一个突出的标志是，由新兴经济体和主要发达国家组成的二十国集团取代 8 国集团（G8）转变为国际经济合作的主要论坛。

然而，对于新兴经济体崛起这一现象目前还存在很多不同的观点。有人认为，新兴经济体的崛起是西方金融机构为了吸引投资者购买相关金融产品编造出来的"故事"，由于新兴经济体严重依赖发达国家的资金和市场以及能源和资源出口，在后危机时代外部有利条件不断消失的情况下，新兴经济体将被打回原形。之所以会出现这样的争议，根本原因在于很多人只看到了新兴经济体快速增长这一现象，而对于其背后的原因和机理没有深入探讨，也缺乏严格的实证研究，因此难以对新兴经济体增长的可持续性做出合理判断。本章将在回顾经济增长和发展经济学经典理论的基础上，对新兴经济体经济增长的动因和可持续性进行分析和实证研究。

一、新兴经济体增长的理论基础

经济增长的理论来源于经济发展和增长的事实，而经济增长理论的发展则反映了经济增长模式的变化。工业革命之前的几百年间，除西欧有缓慢增长外，西方其他发达国家、拉丁美洲、亚洲和非洲等地人均 GDP 均维持在稳定的水平。这段时间孕育了古典经济增长理论。经济的增长体现为初级的粗放型增长，即人口和资本等生产要素的积累带动了经济总量的扩大。然而由于技术进步较为缓慢甚至停滞，人均收入则维持在较为稳定的水平。工业革命后，现代技术应用于生产过程，并不断得到进步和更新，带动了经济总量的扩张和人均收入的快速提高。而此后的经济增长事实，很难由古典增长理论所提出的资本等要素积累来解释。由此以索洛等为代表的新古典经济增长理论诞生。人均收入水平的不断提高在很大程度上由技术进步实现。然而，一国的技术进步则由该国的制度环境、发展理念及教育等因素内生决定，新古典增长理论将技术进步归结于外生给定，而技术进步的贡献完全归结于不可知的索洛剩余，显然与经验事实不符。因此产生了以罗默等为代表的内生增长理论，研究技术进步的决定因素。

从经济增长的理论和事实不难看出，经济增长取决于技术进步。虽然资本和劳动等生产要素的积累会增加经济总量，然而人均收入水平的提高却依赖于技术进步。生产技术的进步体现在生产效率的提高，而效率的提高则取决于创新、想法和知识的积累并将其应用于生产过程之中。因此，创新、想法和知识等的积累决定着生产技术的进步。创新、想法和知识对于经济增长的作用也体现在他们非竞争性的特性引起的经济规模效应。一方面伴随经济全球化和城市化的进程，市场规模不断扩大，创新、想法和知识得以在越来越多的国家和地区之间传播，提高了世界整体的生产效率。另一方面经济全球化本身带来的市场规模扩大，使得更多的资源用于创新和知识的进步，又推动了创新知识本身的积累。新兴经济体的增长也必须如此才能持续。下面我们对传统经济增长理论进行简要回顾。

1. 古典经济增长理论

经济增长理论是宏观经济学的重要内容。古典经济增长理论以亚当·斯密、李嘉图、马尔萨斯等为代表，他们认为经济增长产生于资本积累和劳动分工相互作用，即资本积累进一步推动了生产专业化和劳动分工的发展，而劳动分工反过来通过提高总产出使得社会可生产更多的资本积累，让资本流向最有效率的生产领域，就会形成这种发展的良性循环。然而古典增长理论虽然对经济总量的扩大进行很好的解释，但无法解释人均量的增长。

亚当·斯密在研究一国的国民财富增长的源泉时指出，一个国家经济增长的主要动力在于劳动分工、资本积累和技术进步。同时，他认为市场容量的大小决定着分工水平。马尔萨斯和李嘉图则对经济增长抱着比较悲观的看法，马尔萨斯认为，当人均收入超过其均衡水平时，死亡率下降的同时生育率将会上升；反之亦然。因此，长期内每一个国家的人均收入将会收敛到其静态的均衡水平。这就是著名的"马尔萨斯陷阱"。李嘉图指出，作为生产要素的土地、资本和劳动产出的边际报酬是递减的。生产边际报酬递减将导致一个国家经济增长的最终停止。

2. 新古典经济增长理论

为了解释人均量的增长，新古典增长理论随之发展起来。该理论认为人均实际 GDP 的增长是由于技术变革引起人均资本的增长，如果技术进步停止，人均经济增长就停止了。新古典增长理论采用的是一般均衡的框架对经济增长进行分析。现代经济学早期的增长理论是建立在哈罗—多马模型的基础上。按照该模型，决定一个国家的经济增长水平最主要的两个因素是决定全社会投资水平的储蓄率和反映生产效率的资本—产出比率。由于假设前提的局限性，在他们的模型中，两种生产要素资本和劳动同时实现充分就业的稳定状态的经济增长很难实现。

哈罗—多马模型最为关键的假设是固定技术系数生产函数。一般来说，这种生产函数只有在短期中具有一定的社会现实性，在长期中两种生产要素——资本和劳动——常常可以相互替代。索洛—斯旺模型修正了这一假设，代之以生产要素之间可以充分替代的新古典生产函数，也称为新古典经济增长模型。由于新古典生产函数的主要特征是投入要素的边际收益递减，所以在缺乏技术进步的情况下，长期的人均经济增长率趋于零。该模型也不能解释人均收入的持续增长。在 20 世纪 50 年代末及 60 年代，新古典增长理论家为了解决这个问题，假设存在外生的技术进步。

与索洛—斯旺模型的思路不同，Kaldor（1957）通过假设可变的储蓄率对哈罗—多马模型进行了修正。他把社会的储蓄分成两部分，即工资储蓄与利润储蓄。于是一个社会总的储蓄率不再是一个常数，而是一个依赖于工资储蓄率和利润储蓄率的变量。这样，Kaldor 的储蓄理论就从收入分配角度为解决哈罗—多马模型的不稳定性问题提供了一种方法。

但是，无论是在索洛—斯旺模型，还是在 Kaldor（1957）的研究里，储蓄率均假设为外生给定，而不是微观经济参与人理性选择的结果。考虑到这些研究存在的不足，Cass（1965）和 Koopmans（1965）通过把 Ramsey（1928）的研究引入到新古典经济增长模型，内生了新古典经济增长模型中的储蓄率，人们合并称之为 Ramsey-Cass-Koopmans（CRK）模型。然而，在满足稻田条件（Inada Conditions）的情况下[①]，经济的持续增长仍然是无法解释的。因此，储蓄率的内生并没有消除新古典经济增长模型固有的局限性，长期的经济增长仍取决于外生的技术进步。

3. 新经济增长理论

新古典经济增长理论的主要问题在于它对技术进步的解释，这种外生的技术进步假设不能从理论上解释经济的持续增长问题。为了解决这个问题，新经济增长理论，或称"内生技术变革理论"发展起来，它们认为人均实际 GDP 增长是因为人们在追求利润中所做出的选择，而且增长可以无限持续下去。内生增长理论的主要任务之一是揭示经济增长率差异的原因和解释持续经济增长的可能，强调技术进步的内生性，重视物质资本、人力资本、知识等的外部性对生产效率的影响，从某种意义上说，内生经济增长理论的突破在于放松了新古典增长理论的假设并把相关的变量内生化。

在新古典增长模型中，生产的投入要素只有资本和劳动，唯一的自变量是人均资本。Solow（1957）提出了全要素生产率分析方法，并应用这一方法来验证新古典模型。他发现，资本和劳动只能解释大约49%的总产出。因此，Solow 用外生的"残余"（Residual）来解释技术进步，从而解释51%的总产出。20 世纪 50 年代到 60 年代，许多研究者不满意新古典模型的外生技术进步假设，而努力将技术进步内生化。但是，由于在这些模型中，均衡的经济增长率最终由许多外生的经济变量（例如，人口增长率）决定，

---

① 以日本经济学家稻田献一的名字命名。指某种新古典生产函数，满足：f（0）=0，一阶导数大于 0，二阶导数小于 0，另外，当生产要素投入趋于 0 时，一阶导数的极限无穷大，当生产要素的投入趋于无穷大时，一阶导数的极限等于 0。稻田条件的作用是保证经济增长的路径不发散，对经济均衡的存在和稳定性至关重要。

所以还是没有真正解决"索洛残余"问题。

Romer（1986）沿着 Arrow（1962）用技术外部性或知识的溢出效应来解释经济增长的研究思路，克服了 Arrow"干中学"模型的缺陷，内生了技术进步，建立了 Arrow-Romer 模型。Lucas（1988）则继承了 Uzawa（1965）用人力资本来解释经济增长的研究思路，强调了人力资本外部性对解释经济增的重要性，建立了 Uzawa-Lucas 模型。用外部性来解释长期经济增长的模型主要是从两个方面来阐述外部效应。

①物质资本的外部性。Romer（1986）指出，知识或技术是追求利润最大化的厂商进行物质资本投资的副产品，知识或技术不同于其他普通商品之处在于知识具有溢出效应，即一个厂商积累的知识或技术不仅提高了自己的生产率，而且也能提高社会中其他厂商的生产率。因此，Romer 指出，为了达到社会最优增长率，政府需要通过政策来解决外部性问题，例如对知识的生产提供补贴。Barro（1990）认为政府的生产性支出活动对私人厂商来说具有外部性，所以政府是推动经济增长的决定力量。由于政府的生产性支出存在外部性，所以，为了达到社会最优的经济增长率，政府的干预是不可或缺的。

Romer（1994）关于垄断竞争市场结构的假设确实比较好地反映了社会现实。在垄断竞争市场结构中，用外部性来解释经济增长的理论认为，技术进步或知识的生产是厂商追求利润最大化的理性行为结果，厂商可以通过部分控制市场而获得弥补知识生产成本的收益。由此，可以得到均衡的市场利率，进而可以得出均衡的经济增长率。由于知识或技术存在着外部性，所以社会均衡的增长率要大于分散均衡增长率。因而，需要利用政府的干预来提高社会的均衡经济增长率。

②人力资本的外部性。强调人力资本是经济增长重要源泉的经济学家主要有 Lucas（1988），Becker，Murphy 和 Tamura（1990），Tamura（1991），Lucas（1993），Goodfriend 和 McDerott（1995）等。倘若用人力资本来代替物质资本，就可以用人力资本外部性来解释长期经济增长的生产函数。Barzel（1989）指出人力资本一个很重要的性质是劳动者可以在工作中控制其人力资本的利用程度。由于制度安排可以通过影响私人的人力资本边际收益率，从而决定劳动者在工作中所利用人力资本的程度，所以制

度安排是影响人力资本溢出效应的重要因素之一。

　　然而，相当一部分经济学家认为，总量生产函数中的物质资本概念本身已经存在严重的测度和加总问题，而人力资本概念则比物质资本更模糊，可测性更差，并且人力资本总量的可加性问题迄今还没有得到充分讨论。例如 Mankiw（1995）就对人力资本定义问题提出质疑，Romer（1990a）也认为不同的研究者往往使用具有不同内涵的人力资本定义。Stern（1991）则指出，人力资本难以测度的问题使得用人力资本来解释经济增长没有太大的现实应用意义。虽然关于人力资本对经济增长作用的定量分析还没有令人信服的结果，可是在总体上看，经济学家并不否认人力资本对经济增长的重要作用。

　　另一个值得注意的问题是，外部性存在的隐含前提是经济活动的交易费用不为零。可到目前为止，用外部性来解释经济增长的模型基本上都假设交易费用为零，因而这类模型在逻辑上存在着相当的局限性。另外，如果交易费用不为零，这类模型所提出的影响经济增长的政策的作用均需重新审视。Coase（1960）的研究仅仅分析了经济活动中的负外部性问题，他认为市场可以将负外部性自动内部化。但迄今为止，还没有理论清楚地表明，在存在交易费用的情况下，是否需要政府干预具有正外部性的经济活动。政府可能不需要直接干预具有负外部性的经济活动，但需要直接干预一些具有正外部性的经济活动。

　　Krugman（1991），Jones 和 Manuelli（1997）等指出，尽管外部性在现实经济中是存在的，但仍不足以解释长期的经济增长。可是，许多经验研究表明 R&D 存在着很强的外部性，可以用来很好地解释长期的经济增长。例如 Nadri（1993）的研究表明，R&D 所存在的外部性几乎可以解释50%的全要素生产率（TFP）增长。因此，虽然用物质资本外部性来解释经济增长的理论还存在着种种不足，但根据 Arrow—Romer 模型研究思路发展起来的外部性模型，仍然是非常具有解释力的。

　　这部分通过对经典文献的梳理，可以发现，资本和劳动力等要素投入的增长会推动经济增长。而人均收入的增长则取决于生产效率的提高，即技术进步。在不考虑生产效率给定的情况下，由于边际生产力递减，单纯靠要素投入扩张的粗放式增长不可能实现经济的可持续增长。因此，要实现经济的可持续增长，在要素投入增长的同时，必须伴随生产效率的提高。技术进步是解释人均收入增长和经济的可持续增长的决定性因素。

二、新兴经济体增长的实证检验

标准的新古典增长理论试图从两个方面解释长期经济增长：一方面为生产要素投入的增加，另一方面为生产要素使用效率的改善。后者称为全要素生产率（TFP）的提高。已有的对全要素生产率增长的实证研究得到的一个标准事实是约 1/3 至 1/2 的产出增长可以归因为全要素生产率的改善（Nehru 和 Dhareshwar，1994）。

许多跨国的实证研究估计了东亚的新兴经济体全要素生产率的提高，发现全要素生产率的提高对于总体经济增长有较大贡献（Kawa，1994）。也有一些研究认为并非如此。Krugman（1994）认为生产效率的提高不是东亚增长的重要因素，东亚的增长奇迹更重要的是由于要素投入的增加，因而这种增长不具有持续性。这种观点的得出主要基于 Young（1992）以及 Kim 和 Lau（1994）等的研究。他们认为东亚的增长类似于战后苏联的增长，其增长完全依靠资本存量的积累，而不是技术水平的提高。由于劳动和资本之间的替代性较差，资本回报在 20 世纪 80 年代几乎下降到 0（Easterly 和 Fisher，1995）。这种观点明显与东亚经济增长的事实不符，许多研究证实了东亚增长奇迹是资本积累和技术进步的共同结果（Hughes，1995；Drysdale 和 Huang，1997）。大量关于收入收敛的研究指出后发优势的重要性，即发展中国家由于可以利用发达国家已有的技术而具有较大的赶超潜力，因而发展中国家可能获得更快的经济增长（Dowrick 和 Nguyen，1989；Dowrick，1992；Brander，1992）。由于战后东亚国家普遍较为落后，更容易利用后发优势促进技术进步，实现随后的快速增长。

一个明显的问题是，越来越受到人们关注的新兴经济体的快速增长是由于劳动和资本积累，还是由于技术赶超和生产率的增长，还是两方面共同的结果？在定义新兴经济体的基础上，我们可以运用这些国家的跨国数据，通过实证检验回答这一问题。我们选取的实际 GDP 增长率和投资率的数据来自联合国国民账户统计数据库（UN National Account Statistics），就业人数的数据取自 Penn World Table 和 IMF 的世界经济展望（World Economic Outlook）。

我们采用的模型是已有文献中标准的技术赶超和增长收敛的模型（Barro，1991；Dowrick，1992；Brander，1992）。与 Dowrick（1992）和其他相关研究类似，我们将平均实际 GDP 的增长率（Y）作为被解释变量，将初始的劳动生产率（），平均劳动力增长率（L）和平均投资率（inv）作为解释变量，采用面板数据进行回归。为了增加估计的效率，我们将每个国家数据按时间分为四个子阶段：1971～1980、1981～1990、1991～2000、2001～2008。各个国家每个时间段的平均实际 GDP 的增长率和平均投资率为该阶段的平均值，初始劳动生产率为该阶段前三年的劳动生产率的平均值。这样一方面增加了样本点，一方面减少了数据在样本期内的波动。我们增长模型可由下式表示：

$$Y_{it} = c + \beta_1 y_0/l_{0it} + \beta_2 L_{it} + \beta_3 inv_{it} + Y_1 D_{81-90} + Y_2 D_{91-00} + Y_3 D_{01-08} + u_i + \varepsilon_{it}$$
$$i = 1, 2, \cdots 105[1]; \quad t = 1, 2, 3, 4.$$

其中 c 为常数项，D_{81-90}、D_{91-00}、D_{01-08} 分别是代表 1981～1990，1991～2000 和 2001～2008 三个时间段的虚拟变量，u_i 为国家特定效应，ε_{it} 是随时间和国家改变的误差项。参数（Y_1，Y_2，Y_3）衡量相对于 1971～1980 年的产出增长。

我们在下面分阶段地考察了新兴经济体增长的决定因素。首先分析整个样本期新兴经济体经济增长的因素。考虑到样本期内可能发生的参数变化，我们又依次考察了 1981～2008，1991～2008 和 2001～2008 三个阶段，分析每个阶段各要素对新兴经济体经济增长的影响和贡献。

表 3.1 报告了面板数据模型的回归结果。第一列和第二列是混同 OLS（Pooling OLS）估计的结果，第三和第四列是控制国家特定效应后的固定效应模型估计的结果。其中第一列没有考虑时间虚拟变量，第二列在第一列估计的基础上，加入了时间虚拟变量；第三列考虑了国家特定效应，第四列在第三列估计的基础上，加入了时间虚拟变量，用于反映时间特定效应。

---

① 按照我们的界定，共有 133 国家属于新兴经济体，然而由于数据的可得性，我们剔除了其中的 28 个，因此在回归分析中，截面上国家样本为 105 个。

由表3.1可以看出，运用不同估计方法得到的初始劳动生产率，平均劳动力增长率和平均投资率的系数均在5%的水平上显著。模型的估计结果揭示了新兴经济体自20世纪70年代至今的增长模式。平均投资率和劳动力增长率的系数显著为正，说明投资和劳动力增长是使新兴经济体增长的重要因素。具体而言，劳动增长率提高一个百分点会带来平均GDP增长率提高0.715～0.985个百分点，而投资率提高一个百分点会带来平均GDP增长率提高0.137～0.187个百分点。同样重要的是，初始劳动生产率显著为负，说明新兴经济体有显著的技术赶超效果。以第四列的估计结果为例，初始劳动生产率的系数 -0.132说明，新兴经济体初始平均收入每低于一单位，实际GDP的增速会增加0.132个百分点。这意味着新兴经济体可以利用后发优势，获得更快的经济增长。

表3.1　　　　　　增长模型回归结果：1971～2008

被解释变量	混同 OLS		固定效应	
实际 GDP 增速	1	2	3	4
常数项	0.026	0.018	0.017 *	0.012 **
	(0.053)	(0.038)	(0.007)	(0.006)
初始劳动生产率	-0.214 ***	-0.183 ***	-0.147 ***	-0.132 ***
	(0.067)	(0.059)	(0.041)	(0.032)
劳动力增长	0.895 **	0.862 **	0.715 **	0.758 **
	(0.402)	(0.418)	(0.334)	(0.318)
投资率	0.182 ***	0.187 ***	0.137 ***	0.141 ***
	(0.062)	(0.058)	(0.047)	(0.045)
虚拟变量（1981～1990）		-0.031 **		-0.024 **
		(0.015)		(0.014)
虚拟变量（1991～2000）		-0.028		-0.018
		(0.021)		(0.022)
虚拟变量（2001～2008）		-0.014 ***		-0.011 ***
		(0.001)		(0.001)
时间特定效应	否	是	否	是
国家特性效应	否	否	是	是
观测值	420	420	420	420
R - Square	0.511	0.557	0.489	0.561

注：括号内为标准差；"***"、"**"、"*"分别代表1%、5%、10%的显著性水平。

数据来源：联合国统计资料数据库。

为进一步确定经济增长的源泉,我们利用回归结果对增长进行传统的增长账户分解。分解的主要结果如表3.2所示。自20世纪70年代以来,生产率的提高(全要素生产率)构成新兴经济体增长的重要因素。平均而言,自20世纪70年代以来,新兴经济体年增长率为4.3%。其中全要素生产率增长的贡献为1.2个百分点,解释的增长部分占到28.1%。资本和劳动贡献分别为1.5和1.6个百分点。增长账户分解的结果进一步证实了新兴经济体增长的可持续性,其增长不仅取决于资本积累和劳动力投入的增加,而且全要素生产率的提高也构成了支撑新兴经济体经济快速增长的重要因素。

我们还给出了不同地区代表性国家的增长分解。由于我们的样本期从70年代开始,而不是从中国开始快速增长的80年代,因而中国的年均增长率为9%。投资拉动和劳动力优势构成了我国经济增长重要的因素,其贡献分别为4.3和2.1个百分点,二者共解释了经济增长的71.1%。不过生产效率的提高已经构成了我国经济增长的重要因素,解释了经济增长的28.9%。作为"金砖四国"之一的巴西在样本期内也实现了年均4.1%的增长率,同样生产效率的提高对其增长至关重要,TFP份额占据29.3%。

表3.2　　　代表性国家和总体增长账户分解:1971~2008(%)

国家	实际GDP增速	资本贡献	劳动贡献	TFP	TFP份额
中国	9.0	4.3	2.1	2.6	28.9
韩国	6.8	2.6	2.2	2.0	29.4
波兰	3.1	1.2	0.8	1.1	35.5
罗马尼亚	3.6	1.4	1.3	0.9	25.0
巴西	4.1	1.6	1.3	1.2	29.3
阿根廷	2.5	0.6	1.4	0.5	20.0
沙特阿拉伯	5.0	2.1	1.7	1.2	24.0
南非	2.6	0.8	1.0	0.8	30.8
科特迪瓦	3.2	1.1	1.2	0.9	28.1
总平均	4.3	1.5	1.6	1.2	28.1

注:表中每个因素对增长的贡献是由回归参数和各国各要素在1971~2008年取值计算得到。

我们接着分析 20 世纪 80 年代以来新兴经济体的增长方程。如下式，由于没有将 20 世纪 70 年代的数据放入样本，增长方程中的时间虚拟变量为 20 世纪 90 年代和 2001 年至 2008 年。

$$Y_{it} = c + \beta_1 y_0/l_{0it} + \beta_2 inv_{it} + Y_2 D_{91-00} + Y_2 D_{01-08} + u_i + \varepsilon_{it}$$

$$i = 1,2,\cdots105; \ t = 1,2,3.$$

表 3.3 报告了面板数据模型的回归结果。与之前方法一样，第一列和第二列是 OLS 估计的结果，第三和第四列是控制国家特定效应后的固定效应模型估计的结果。其中第一列没有考虑时间虚拟变量，第二列在第一列估计的基础上，加入了时间虚拟变量；第三列考虑了国家特定效应，第四列在第三列估计的基础上，加入了时间虚拟变量，用于反映时间特定效应。由表 3.3 的估计结果发现，运用不同估计方法得到的初始劳动生产率，平均劳动力增长率和平均投资率的系数均在 5% 的水平上显著。模型的估计结果揭示了新兴经济体自 20 世纪 80 年代至今的增长模式。平均投资率和劳动力增长率的系数显著为正，说明投资和劳动力增长是使新兴经济体增长的重要因素。具体而言，劳动增长率提高一个百分点会带来平均 GDP 增长率提高 0.632 个百分点，而投资率提高一个百分点会带来平均 GDP 增长率提高 0.212 个百分点。重要的是，初始劳动生产率显著为负，说明新兴经济体有显著的技术赶超效果。以第四列的估计结果为例，初始劳动生产率的系数 -0.131 说明，新兴经济体初始平均收入每低于一单位，实际 GDP 的增速会增加 0.131 个百分点。这意味着新兴经济体可以利用后发优势，获得更快的经济增长。

表 3.3　　　　　　　　增长模型回归结果：1981 ~ 2008

被解释变量	混同 OLS		固定效应	
实际 GDP 增速	1	2	3	4
常数项	0.031 **	0.027 *	0.022 ***	0.018 ***
	(0.013)	(0.014)	(0.007)	(0.006)
初始劳动生产率	-0.181 ***	-0.176 ***	-0.133 ***	-0.131 ***
	(0.067)	(0.059)	(0.041)	(0.032)
劳动力增长	0.632 **	0.621 **	0.513 **	0.528 **

续表

被解释变量	混同 OLS		固定效应	
	(0.312)	(0.308)	(0.244)	(0.218)
投资率	0.212 ***	0.207 ***	0.176 ***	0.162 ***
	(0.062)	(0.058)	(0.047)	(0.045)
虚拟变量（1991～2000）		−0.018		−0.006
		(0.021)		(0.022)
虚拟变量（2001～2008）		0.003 ***		0.001 ***
		(0.001)		(0.0005)
时间特定效应	否	是	否	是
国家特性效应	否	否	是	是
观测值	315	315	315	315
R－Square	0.533	0.575	0.501	0.514

注：括号内为标准差；"***"、"**"、"*"分别代表1%、5%、10%的显著性水平。
数据来源：联合国统计资料数据库。

　　为进一步确定经济增长的源泉，我们利用回归结果对增长进行传统的增长账户分解。分解的主要结果如表3.4所示。自20世纪80年代以来，全要素生产率的提高构成新兴经济体增长的重要因素。平均而言，自20世纪80年代以来，新兴经济体年增长率为3.8%，较整个样本期（1971～2008）的平均增长率少0.5个百分点。其中全要素生产率增长的贡献为1.1个百分点，解释的增长部分占到28.9%。全要素生产率的贡献率较整个样本期提高0.9个百分点。资本和劳动贡献分别为1.4和1.3个百分点。增长账户分解的结果进一步证实了新兴经济体增长的可持续性，其增长不仅取决于资本积累和劳动力投入的增加，而且全要素生产率贡献的不断提高，构成了推动新兴经济体经济快速增长的重要因素。我们还给出了不同地区代表性国家的增长分解。1981～2008年间，中国经济的年均增长率为10%。投资拉动和劳动力优势构成了我国经济增长重要的因素，其贡献分别为4.9和2.2个百分点，二者共解释了经济增长的67%。生产效率的提高已经构成我国经济增长的重要因素，解释了经济增长的33%。可见，在此阶段，传统的生产要素对经济增长贡献率在下降，而全要素生产率对经济增长的贡献率在上升。巴西在这段时期内年均增长率为 2.5%，全要素生产率的贡献为 0.7 个百分点，TFP 份额占据 28%。

表3.4　　代表性国家和总体增长账户分解：1981～2008（%）

国家	实际 GDP 增速	资本贡献	劳动贡献	TFP	TFP 份额
中国	10.0	4.9	1.8	3.3	33.0
韩国	6.6	2.3	2.1	2.2	33.3
波兰	2.5	1.1	0.6	0.8	35.5
罗马尼亚	1.6	0.5	0.7	0.4	25.0
巴西	2.5	0.8	1.0	0.7	28.0
阿根廷	2.5	1.0	1.0	0.5	20.0
沙特阿拉伯	1.9	0.7	0.8	0.4	21.0
埃及	5.8	2.4	2.0	1.4	24.1
南非	2.4	0.8	0.9	0.7	29.2
科特迪瓦	2.3	0.7	0.9	0.7	30.4
总平均	3.8	1.4	1.3	1.1	28.9

注：表中每个因素对增长的贡献是由回归参数和各国各要素在 1971～2008 年取值计算得到。

下面分析 20 世纪 90 年代至 2008 年新兴经济体的增长因素。时间虚拟变量为表示处于 2001 至 2008 年时间段内变量，相应地，增长方程由下式给出：

$$Y_{it} = c + \beta_1 y_0/l_{0it} + \beta_2 L_{it} + \beta_3 inv_{it} + Y_1 D_{01-08} + u_i + \varepsilon_{it}$$
$$i = 1, 2, \cdots, 105; \ t = 1, 2.$$

表3.5 报告了面板数据模型的回归结果。相应地，第一列和第二列是 OLS 估计的结果，第三和第四列是控制国家特定效应后的固定效应模型估计的结果。其中第一列没有考虑时间虚拟变量，第二列在第一列估计的基础上，加入了时间虚拟变量；第三列考虑了国家特定效应，第四列在第三列估计的基础上，加入了时间虚拟变量，用于反映时间特定效应。由下表的估计结果，我们发现运用不同估计方法得到的初始劳动生产率，平均劳动力增长率和平均投资率的系数均在 5% 的水平上显著。模型的估计结果揭示了新兴经济体自 20 世纪 90 年代至今的增长模式。平均投资率和劳动力增长

率的系数显著为正，说明投资和劳动力增长是使新兴经济体增长的重要因素。具体而言，劳动增长率提高一个百分点会带来平均 GDP 增长率提高0.248~0.331 个百分点，而投资率提高一个百分点会带来平均 GDP 增长率提高 0.118~0.136 个百分点。同样重要的是，初始劳动生产率显著为负，说明新兴经济体有显著的技术赶超效果。以第四列的估计结果为例，初始劳动生产率的系数 -0.001 说明，新兴经济体初始平均收入每低于一单位，实际 GDP 的增速会增加 0.001 个百分点。这意味着新兴经济体可以利用后发优势，获得更快的经济增长。

表 3.5　　　　　　　　增长模型回归结果：1991~2008

被解释变量	OLS		固定效应	
实际 GDP 增速	1	2	3	4
常数项	0.025 ***	0.019 **	0.028 ***	0.036 **
	(0.008)	(0.009)	(0.011)	(0.011)
初始劳动生产率	-0.070 ***	-0.071 ***	-0.001 ***	-0.001 ***
	(0.008)	(0.008)	(0.0001)	(0.0001)
劳动力增长	0.331 **	0.319 **	0.271 **	0.248 *
	(0.141)	(0.141)	(0.145)	(0.141)
投资率	0.123 ***	0.118 ***	0.136 ***	0.124 ***
	(0.026)	(0.026)	(0.035)	(0.035)
虚拟变量（2001~2008)		0.011		0.006
		(0.007)		(0.005)
时间特定效应	否	是	否	是
国家特定效应	否	否	是	是
观测值	486	486	486	486
R - Square	0.524	0.543	0.533	0.541

注：括号内为标准差；"***"、"**"、"*"分别代表 1%、5%、10%的显著性水平。
数据来源：联合国统计资料数据库。

为进一步确定经济增长的源泉，我们利用回归结果对增长模型进行传统的增长账户分解。分解的主要结果如表 3.6 所示。自 20 世纪 90 年代至2008 年，生产率继续提高（全要素生产率），构成新兴经济体增长的重要因素。平均而言，自 1991 年至 2008 年，新兴经济体年增长率为 4.2%。其中全要素生产率增长的贡献为 1.3 个百分点，解释的增长部分占到 30.9%。全要素生产率的贡献率较整个样本期（1971～2008）的贡献率（28.1%）提高了 2.8 个百分点。资本和劳动贡献分别为 1.5 和 1.4 个百分点。这一阶段新兴经济体全要素生产率的贡献率的提高进一步证实了其增长的可持续性。新兴经济体的增长不仅取决于资本积累和劳动力投入的增加，而且全要素生产率的持续提高构成了支撑新兴经济体经济快速增长的重要因素。

表 3.6　　　　　代表性国家和总体增长账户分解：1991～2008

国家	实际 GDP 增速	资本贡献	劳动贡献	TFP	TFP 份额
中国	10.3	5.1	1.1	4.1	39.8
韩国	5.4	2.8	1.2	1.4	27.4
波兰	4.0	1.8	0.8	1.1	35
罗马尼亚	2.0	0.9	0.5	0.7	30
巴西	3.0	1.2	0.9	0.9	30
阿根廷	4.4	1.8	1.3	1.3	29.5
沙特阿拉伯	3.2	1.6	0.8	0.8	25
埃及	6.0	2.3	2.1	1.6	26.7
南非	4.9	1.4	1.0	1.6	32.6
科特迪瓦	1.7	0.6	1.0	1.5	29.4
总平均	4.2	1.5	1.4	1.3	30.9

注：表中每个因素对增长的贡献由回归参数和各国各因素在 1991～2008 年取值计算得到。

我们还给出了不同地区代表性国家的增长分解。自 1991 年至 2008 年，我国经济的年均增长率为 10.3%。投资拉动和劳动力优势仍然是我国经济增长重要的因素，其贡献分别为 5.1 和 1.1 个百分点，二者共解释了经济增长的 60.2%。值得注意的是，这一阶段全要素生产率的贡献为 4.1 个百分点，对经济增长的贡献率为 39.8%。相对于整个样本期（1971～2008）而言，生产要素投入对经济增长的贡献率继续下降，而全要素生产率的贡献率继续上升，体现了我国生产效率的提高，和我国经济增长方式的合理变化。巴西在样本期内也实现了年均 3% 的增长率，同样生产效率的提高对其增长至关重要，TFP 份额占据30%。

在对 1991 至 2008 年新兴经济体增长模型估计的基础上，我们集中考察了越来越引人注意的 G20 中发展中国家在新世纪以来的经济绩效（表3.7）。如表中所示，G20 中新兴经济体自 2001 年至 2008 年年均经济增速为 5.2，其中全要素生产率的贡献为 1.9 个百分点，贡献率达到 30.5%。其中被称为"金砖四国"的中国、印度、巴西、俄罗斯的经济表现尤为突出，年均增长率分别为 10.4%，7.2%，3.5% 和 7.4，全要素生产率的贡献率分别达到 43.2%，37.6%，26.5% 和 59.8%。

表 3.7　　　　G20 中新兴经济体的经济增长：2001 ~ 2008 （%）

国家	实际 GDP 增速	资本贡献	劳动贡献	TFP	TFP 份额
中国	10.4	5.1	0.8	4.5	43.2
印度	7.2	3.9	0.6	2.7	37.6
巴西	3.5	1.9	0.7	0.9	26.5
俄罗斯	7.4	2.6	0.2	4.6	59.8
阿根廷	3.5	2.4	0.5	0.6	17.7
印尼	4.5	2.9	0.5	1.0	23.1
韩国	4.6	2.3	1.0	1.3	28.2
墨西哥	2.9	2.1	0.6	0.2	6.9
沙特阿拉伯	3.8	1.5	1.0	1.3	33.6
南非	4.4	2.3	0.4	1.8	39.7
土耳其	4.6	3.6	0.2	0.9	19.2
总平均	5.2	2.8	0.6	1.9	30.5

我们在这部分分析了新兴经济体自 20 世纪 70 年代以来经济增长的决定因素。我们分别对整个样本期和分阶段的数据作了实证分析。实证研究的结果表明，资本积累和劳动力供给的增长依然是新兴经济体经济增长的重要因素。同时，新兴经济体经济增长体现出较为显著的赶超特征。通过利用后发优势，一方面引进消化并吸收发达国家的技术，另一方面积极承接产业转移的机遇，促进国内经济结构的合理变化，提高了生产效率，而且全要素生产率的提高已经显著地构成推动新兴经济体可持续增长的重要因

素。更为重要的是，新兴经济体全要素生产率在经济增长中的贡献率自20世纪70年代以来持续上升，而传统的生产要素的贡献率占比不断下降，说明新兴经济体经济增长的同时，也在经历增长方式的转变，由主要依靠要素投入的粗放式增长不断向依靠生产效率提高的集约型增长方式转变，展示出新兴经济体增长的合理性和持续性。

第二部分

影响分析

第四章　新兴经济体对全球贸易格局的影响

　　新兴经济体的快速发展不仅成为推动世界经济增长的主要动力，也在更深的层次上改变了全球贸易和投资格局。一方面，新兴经济体已经成为全球重要的商品市场；另一方面，新兴经济体积极参与国际竞争，在全球分工中的地位和影响力也显著上升。在这种背景下，新兴经济体已经成为中国重要的出口市场和主要的进口来源，双方加强合作有巨大潜力。

一、新兴经济体在全球贸易中的地位

1. 新兴经济体正在成为全球重要的商品市场

　　20 世纪 90 年代以来，新兴市场正在为全球经济创造越来越多的需求。2008 年，新兴经济体的进口总额约为 6.4 万亿美元，而在 1990 年，这一数字只有大约 7300 亿美元。也就是说，在不到 20 年的时间里，新兴经济体的进口额增长了 7.8 倍。同一时期，发达经济体的进口额只增长了 2.6 倍。1990 年，新兴经济体的进口总额只相当于发达经济体进口总额的 20% 左右，而到了 2008 年，新兴经济体的进口额已经相当于发达经济体进口额的 68%。2008 年，新兴经济体在全球进口总额中所占的比重已达 39%，比 1990 年提高了 19 个百分点。相应地，2008 年发达经济体占全球进口总额的比例已滑落到 58%，比 1990 年下降了 14 个百分点。而其他发展中经济体在全球市场中的作用比较小，所占比重一直在1%～2%左右徘徊。

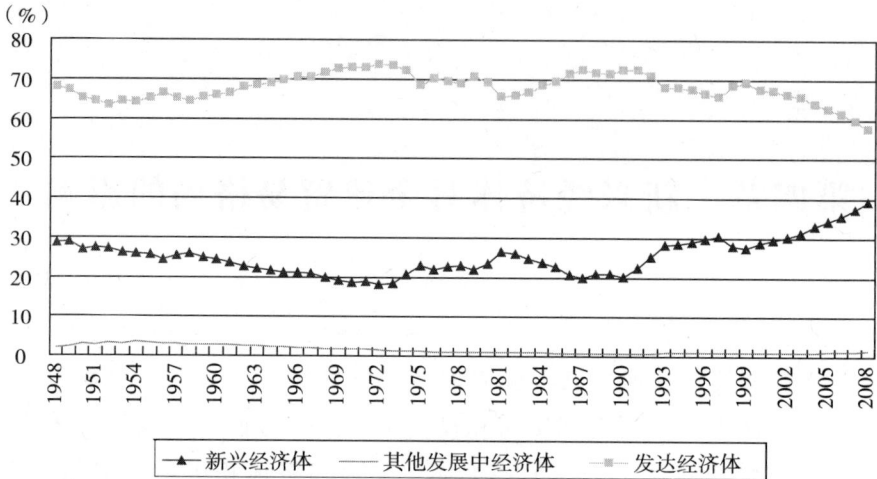

图 4.1　三类经济体在全球进口中所占比重

资料来源：根据联合国贸发会议数据库数据计算。

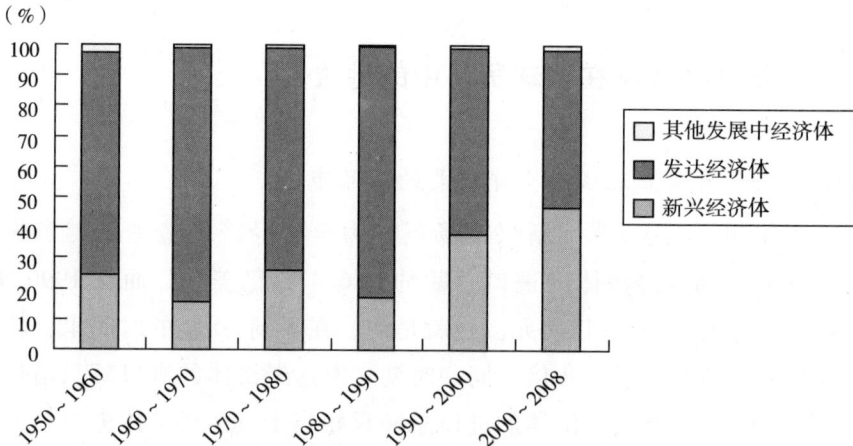

图 4.2　三类经济体对全球新增进口的贡献率

资料来源：根据联合国贸发会议数据库数据计算。

从对全球新增进口的贡献率看，新兴经济体的地位提升趋势更为显著。

在 1990 年之前，这一贡献率一直在 20% 上下波动，在 1950～1960 年、1960～1970 年、1970～1980 年和 1980～1990 年这四个区间，分别为 22%、15%、24% 和 16%。但在 1990～2000 年和 2000～2008 年这两个区间，这一贡献率则分别为 39% 和 47%。2008 年当年，新兴经济体占全球新增进口的比重首次突破 50%，达到 54%。

工业化是拉动新兴市场进口增长的主要动力。从新兴经济体自身的进口结构看，工业原料、资本品、燃油和润滑油是主要的进口产品，比重分别为 32%、31% 和 18%，三类产品合计占 2008 年进口额的 81%。另一方面，消费品、食品和饮料、运输设备的比重分别只有 8%、6% 和 4%。由此可见，工业化所带来的对机器设备、燃料和原材料的大量需求是新兴经济体进口大增的主要原因。

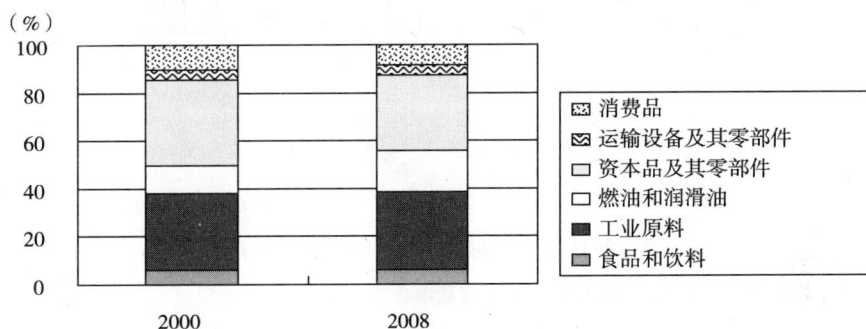

图 4.3　新兴经济体的进口结构

资料来源：根据联合国 COMTRADE 数据库数据计算。

与 2000 年比较，2008 年燃油和润滑油的比重显著上升了 6 个百分点至 18%，资本品的比重下降了近 5 个百分点至 31%，工业原料的比重变化不大，为 32%。之所以出现这种变化，2003 年以来全球能源和资源价格的上涨是一个重要原因。原油价格在 2003 年之前的 20 年间基本稳定在每桶 20 美元左右，但从 2003 年之后一路猛涨，在 2008 年最高曾突破每桶 140 美元。2003～2008 年，铜的价格也从每吨 3000 美元一路涨至每吨 9000 美元。所以，新兴经济体对资本品、能源、工业原料的需求都在增长，只是由于能源资源的价格涨幅更大，导致了资本品占进口比例的下降。

新兴经济体已成为全球资本品和工业原料新增需求的主要来源。2008

年，新兴经济体已经占到全球资本品进口的一半，比重比 2000 年上升了 12 个百分点。新兴经济体占全球工业原料进口的比重也达到 44%，比 2000 年上升了 8 个百分点。如果从对全球新增进口的贡献率看，新兴市场的作用则更为突出。2000～2008 年，全球新增资本品进口的 62% 和新增工业原料进口的 50% 都流向了新兴经济体。

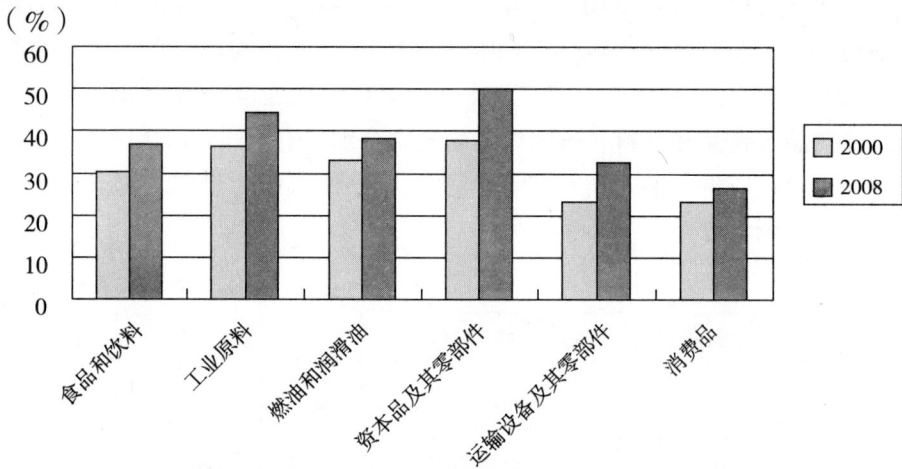

图 4.4　新兴经济体在全球进口的比重（分产品）

资料来源：根据联合国 COMTRADE 数据库数据计算。

即使剔除中国的影响，新兴经济体的市场地位也在显著提升。在中国以外的世界中，2008 年新兴经济体占全球进口的比重为 35%，比 1990 年增加了 16 个百分点。可见，即使剔除中国，也并不会改变 20 世纪 90 年代以来新兴经济体在全球进口中地位上升的趋势。在中国以外的世界中，新兴经济体对全球新增进口的贡献率同样在提高。在 1950～1960 年、1960～1970 年、1970～1980 年和 1980～1990 年这四个区间，这一贡献率分别为 20%、15%、24% 和 14%，而在 1990～2000 年和 2000～2008 年这两个区间，这一贡献率分别达到 35% 和 41%。2008 年当年，新兴经济体占全球新增进口的比重达到 50%。

（%）

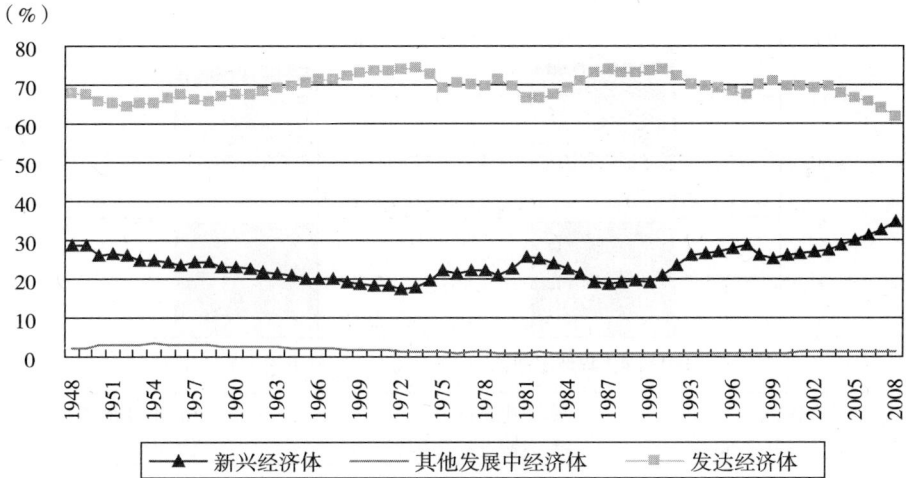

图 4.5　三类经济体在全球进口中所占比重（不包括中国）

资料来源：根据联合国贸发会议数据库数据计算。

（%）

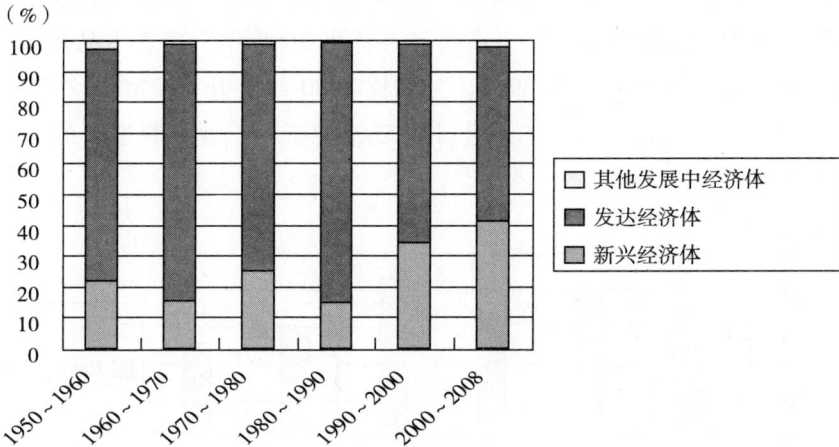

图 4.6　三类经济体对全球新增进口的贡献率（不含中国）

资料来源：根据联合国贸发会议数据库数据计算。

　　剔除中国，对新兴市场的进口结构并不产生重要影响。工业原料、资本品、燃油和润滑油依然是主要的进口产品，三类产品合计占到 2008 年进口额的 79%。

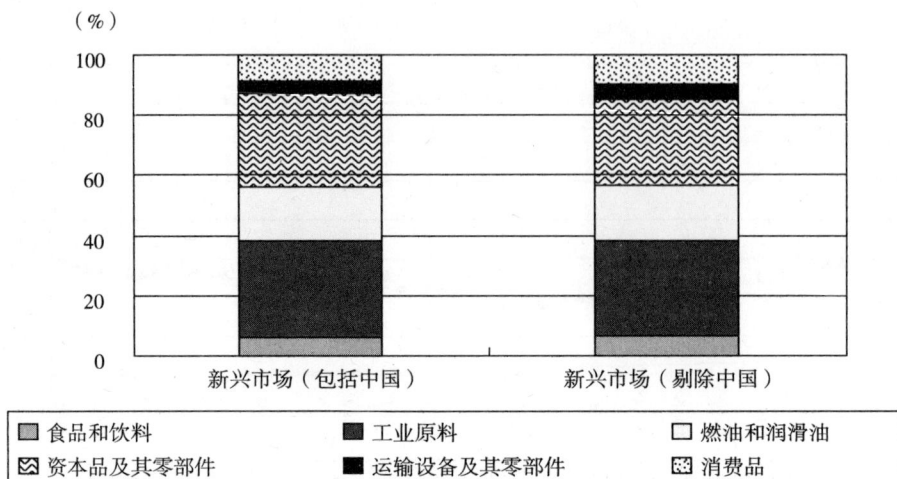

图 4.7　剔除中国前后新兴市场的进口结构（2008 年）

资料来源：根据联合国 COMTRADE 数据库数据计算。

即使不包括中国，新兴市场对全球资本品和工业原料需求的贡献率依然显著。在中国以外的世界中，新兴经济体占 2008 年全球资本品和工业原料进口的比重分别为 43% 和 39%，分别比 2000 年上升 9 个和 6 个百分点。2000 ~ 2008 年，全球新增资本品进口的 53% 和新增工业原料进口的 43% 都流向了新兴市场。

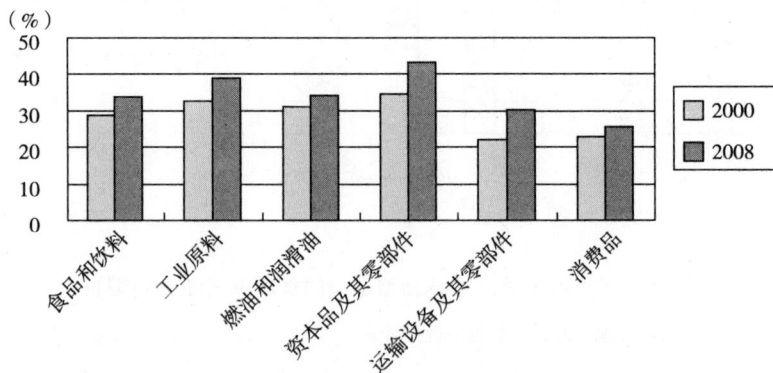

图 4.8　新兴经济体（不含中国）在全球进口的比重（分产品）

资料来源：根据联合国 COMTRADE 数据库数据计算。

2. 新兴经济体的货物贸易出口高速增长

与进口相比，新兴经济体在全球出口中的地位的提升速度更快。2008年，新兴经济体在全球出口总额中所占的比重已达44%，比1990年提高了22个百分点。相应地，2008年发达经济体所占比例已滑落到53%，比1990年下降了18个百分点。2008年，新兴经济体的出口额已经突破7万亿美元，相当于发达经济体的83%，而在1990年，这两个数字分别只有7600亿美元和31%。

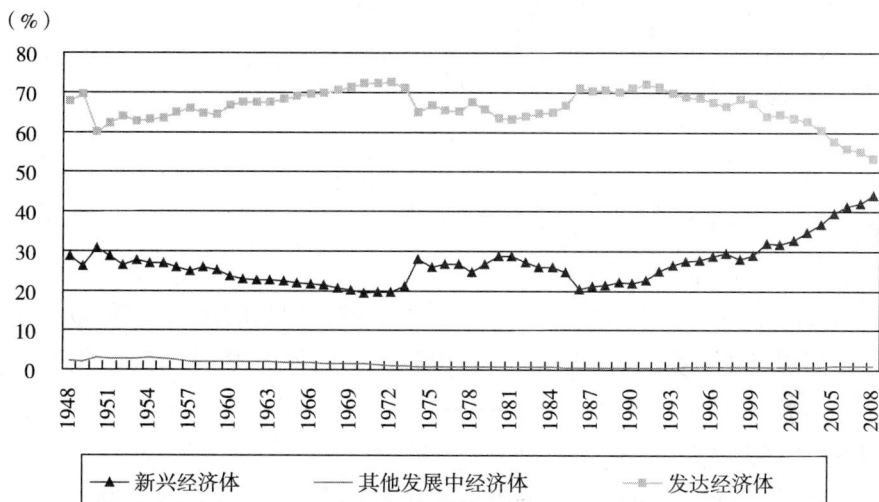

图4.9　三类经济体在全球出口中所占比重

资料来源：根据联合国贸发会议数据库数据计算。

在1950~1960年、1960~1970年、1970~1980年和1980~1990年这四个区间，新兴经济体对全球新增出口的贡献率分别为17%、16%、30%和12%。但在1990~2000年和2000~2008年这两个区间，贡献率则分别为44%和52%。2008年当年，新兴经济体占全球新增出口的比重达到58%。

新兴经济体出口的增长动力同样来自工业化。新兴经济体的出口结构与其进口结构基本相似，前三大类出口产品同样是工业原料、资本品、燃油和润滑油，比重均超过20%，三者合计占2008年出口额的75%。另一方面，消费品、食品和饮料、运输设备的比重分别只有14%、7%和4%。与2000年相比，各类产品的比重变化不大。具备这样的出口结构，一方面是工业化增强了新兴经济体对资本品的生产和出口能力，另一方面也说明，作为一个整体，新兴经济体的工业化也为自身创造了对能源和资源的新需求。

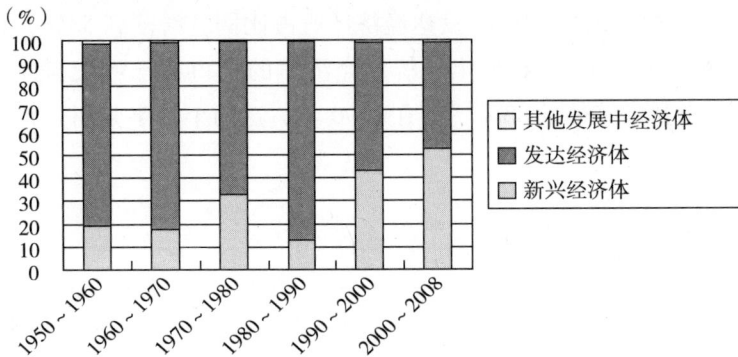

图 4.10　三类经济体对全球新增出口的贡献率

资料来源：根据联合国贸发会议数据库数据计算。

新兴经济体已成为全球资本品、工业原料和能源的重要来源地。2008年，新兴经济体占全球资本品和工业原料出口的比重分别为46%和41%，分别比2000年增加了14个百分点和9个百分点。2000~2008年，全球新增资本品出口的59%和新增工业原料出口的46%都来自新兴经济体。2008年新兴经济体占全球燃油和润滑油出口的比重接近2/3，虽然比2000年有所下降，但仍是全球能源的最主要来源。

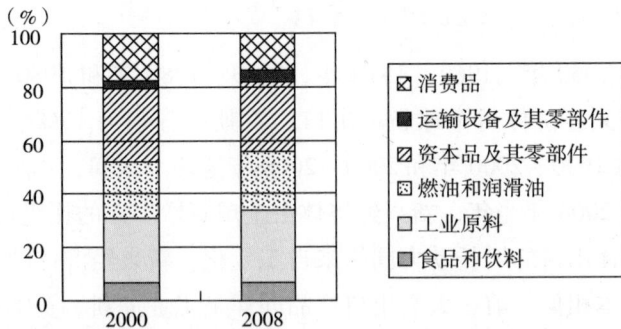

图 4.11　新兴经济体的出口结构

资料来源：根据联合国 COMTRADE 数据库数据计算。

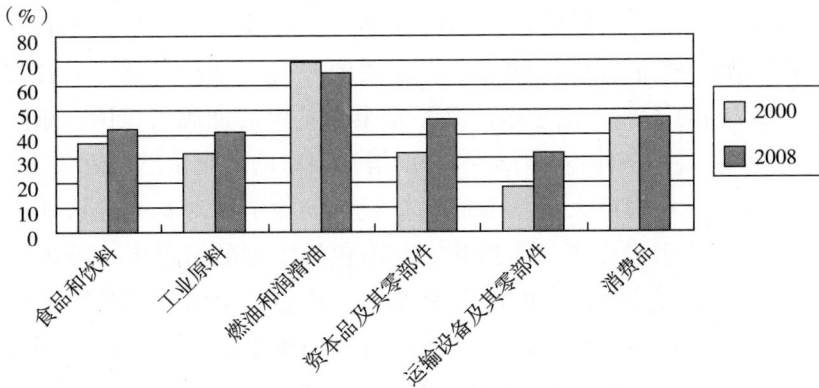

图 4.12　新兴经济体占全球出口比重（分产品）

资料来源：根据联合国 COMTRADE 数据库数据计算。

剔除中国，上述结论也基本不受影响。新兴经济体在全球出口中的比重仍然显著提升。在中国以外的世界中，1990～2008 年，新兴经济体在全球出口总额中所占的比重从 21% 提高到 39%，增加了 18 个百分点。

新兴经济体对全球新增出口的贡献率依然大幅提高。在 1950～1960 年、1960～1970 年、1970～1980 年和 1980～1990 年这四个区间，新兴经济体对全球新增出口的贡献率分别为 16%、18%、32% 和 10%。但在 1990～2000 年和 2000～2008 年这两个区间，贡献率则分别为 40% 和 46%。2008 年当年，新兴经济体占全球新增出口的比重达到 53%。

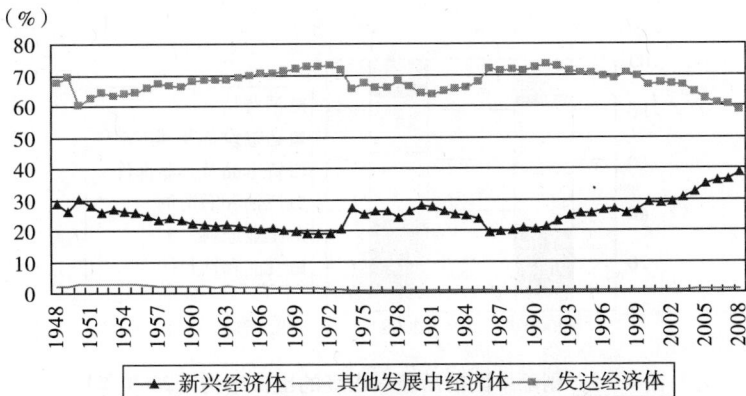

图 4.13　三类经济体占全球出口比重（不包括中国）

资料来源：根据联合国贸发会议数据库数据计算。

　　剔除中国对新兴市场的出口结构并不产生重要影响。工业原料、资本品及其零部件、燃油和润滑油依然是主要的进口产品，三类产品合计占到2008年出口额的77%。由于中国并不是全球主要的能源出口国，剔除中国后，2008年新兴经济体占全球燃油和润滑油出口的比重依然接近2/3。值得注意的是，由于中国巨大的资本品出口量，剔除中国对新兴经济体占全球资本品出口的比重产生了显著影响。在不包括中国的情况下，2008年，新兴经济体占全球资本品出口的比重为36%，比包括中国的情况整整少了10个百分点。不过即便如此，新兴经济体占全球资本品出口的比重仍保持了上升势头，2008年比2000年增加了6个百分点。

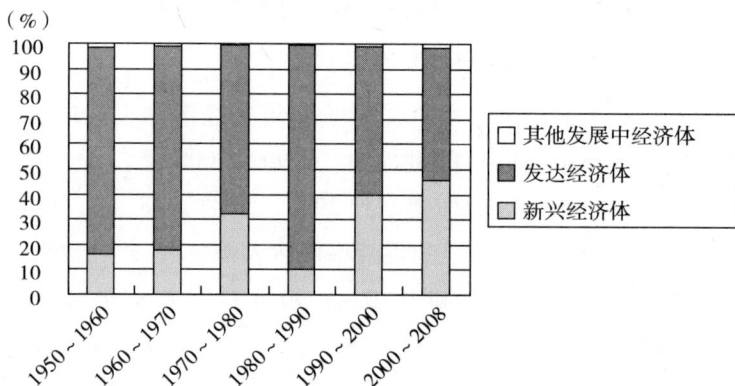

图4.14　三类经济体对全球新增出口的贡献率

资料来源：根据联合国贸发会议数据库数据计算。

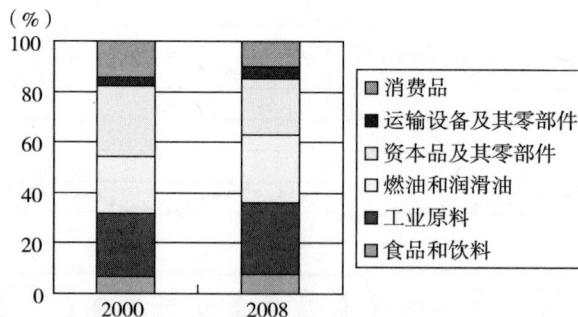

图4.15　剔除中国前后新兴市场的出口结构（2008年）

资料来源：根据联合国 COMTRADE 数据库数据计算。

（%）

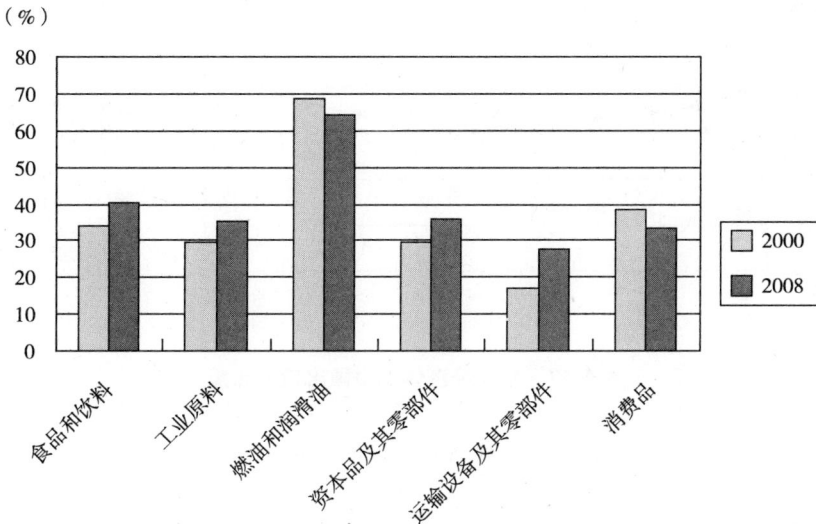

图4.16 新兴经济体（不含中国）在全球出口的比重（分产品）

资料来源：根据联合国 COMTRADE 数据库数据计算。

二、中国与新兴经济体的贸易关系

1. 新兴经济体正在成为我国重要的出口市场

与新兴经济体在全球进口中所占比重大幅提升不同，新兴经济体在我国出口中的比重在 1998～2004 年期间呈下降趋势。不过从 2005 年以来，这一趋势出现反转，2008 年新兴经济体占我国货物贸易出口的 40%，比 2004 年提高了约 5 个百分点。2008 年当年，新兴市场对我国新增出口的贡献率首次突破 50%，达到 53%。

中国对新兴市场的出口增长主要是由机电产品拉动。1998～2008 年，机械电子产品（包括资本品和运输设备，最终产品和零部件合计）占中国对新兴市场出口的比重从 27% 上升到 50%。相比之下，虽然机电产品在我国对发达经济体出口中的比重也明显上升，消费品比重明显下降，但到目前为止，二者仍是大体相当。2008 年，机电产品和消费品占中国对发达经济体出口的比重分别为 40% 和 39%。

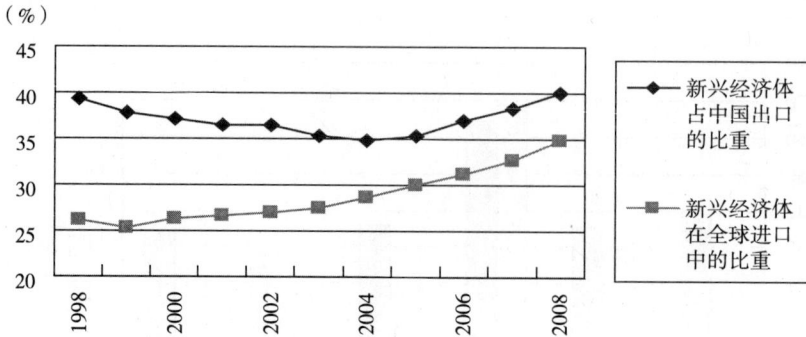

图 4.17　新兴经济体占中国出口的比重

注：这里的新兴经济体均不包括中国。

资料来源：UN COMTRADE；UNCTAD 数据库 Handbook of Statistics On－line。

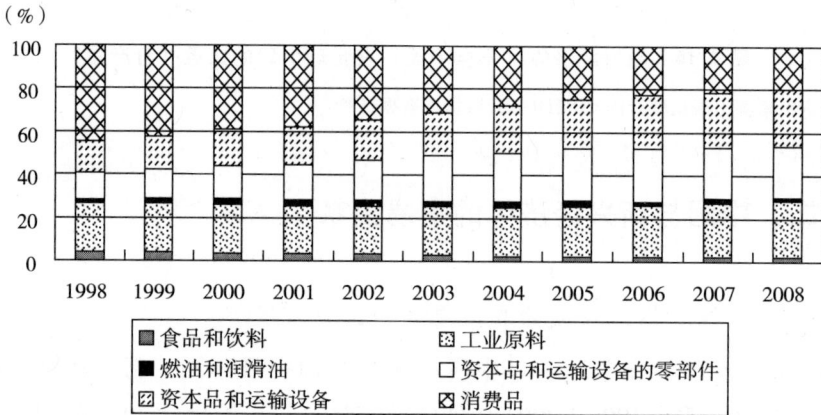

图 4.18　中国对新兴市场出口的产品结构

资料来源：根据联合国 COMTRADE 数据库数据计算。

新兴经济体已成为我国机电产品零部件的主要出口市场。我国对发达经济体的机电产品出口以最终产品为主，而在对新兴经济体的机电产品出口中，零部件的比重则高得多。2008 年，在我国对发达国家出口的机电产品中，最终产品大约占 2/3，零部件只占 1/3，而在对新兴市场出口的机电产品中，二者大约各占一半。

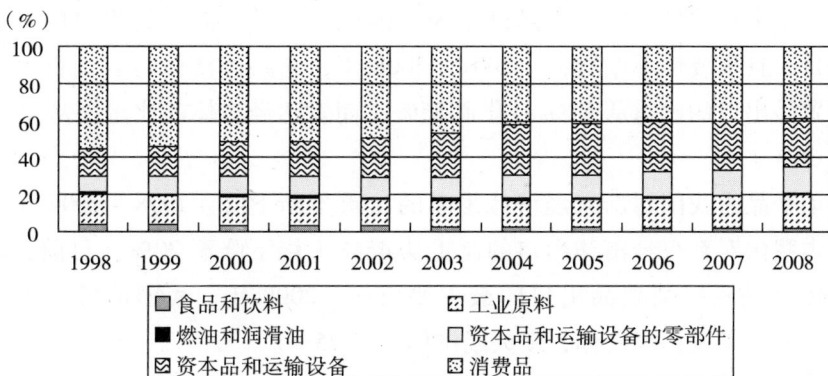

图 4.19　中国对发达经济体出口的产品结构

资料来源：根据联合国 COMTRADE 数据库数据计算。

　　不仅如此，在我国对新兴市场的出口中，零部件比重的提升速度也更快。1998～2008 年，机电产品零部件占我国对新兴市场出口的比重从 12% 提高到 24%，而同期机电产品零部件占我国对发达经济体出口的比重只从 9% 提高到 14%，二者的升幅分别为 12 个百分点和 5 个百分点。因此，新兴经济体已成为我国机电产品零部件的主要出口市场。1998～2008 年，新兴经济体占我国机电产品零部件出口的比重从 48% 上升到 53%，而发达经济体的比重则从 52% 下降到 46%。

　　新兴市场已成为我国机电产品一般贸易出口的主要拉动力量。加工贸易在我国对新兴市场的机电产品出口中占主导地位，但一般贸易的比重正在上升。据中国海关统计，2008 年，在中国对新兴市场的机械电子产品出口中①，加工贸易占 67%，一般贸易只占 27%。不过，与 2001 年相比，一般贸易的比重已经上升了 8 个百分点。

　　在我国对发达经济体的出口中，情况也与此相似，即机电产品出口以加工贸易为主，一般贸易的比重逐步上升。不同的是，加工贸易的比重更高一些，一般贸易的比重上升速度更慢一些。2008 年，在中国对发达经济体的机电产品出口中，加工贸易占 78%，一般贸易占 19%。与 2001 年相比，一般贸易的比重上升了 6 个百分点。

---

　　①　海关协调编码第 84 类和 85 类产品（HS84 和 HS85）。

由于上述差异，新兴市场已成为我国机电产品一般贸易出口的主要拉动力量，且重要性不断提高。2001～2008 年，新兴经济体占我国机电产品一般贸易出口的比重从 51% 上升到 56%，而发达经济体的比重则从 42% 下降到 38%。

消费品占我国对新兴经济体出口的比重不断下降。1998～2008 年，消费品占我国对新兴经济体出口的比重从 45% 大幅下降至 20%。目前，发达经济体仍是我国消费品出口的最主要市场。2008 年，我国消费品出口的 74% 都流向了发达经济体，新兴经济体只占 25%。

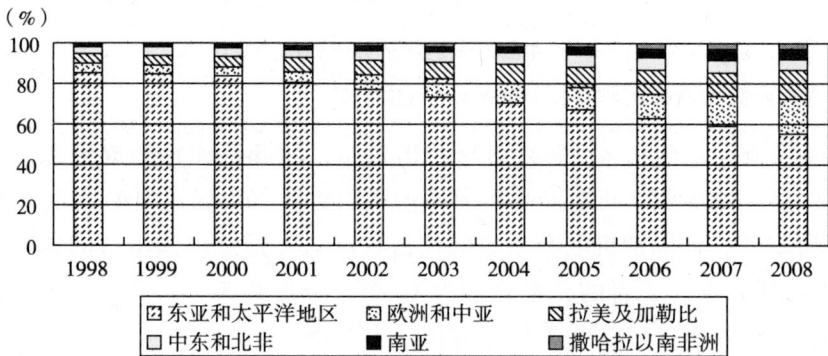

图 4.20　中国对新兴市场出口的地区结构

资料来源：根据联合国 COMTRADE 数据库数据计算。

中国对新兴市场出口的地区结构日趋多元化。中国对新兴市场的出口原来高度集中在东亚，但近年来集中度已经大为下降。这说明除了东亚地区之外，其他区域的新兴经济体也在快速发展，进口需求增长很快。1998～2008 年，东亚和太平洋地区占我国对新兴经济体出口的比重从 85% 下降到 55%，同期其他地区的比重则出现不同程度的上升，其中欧洲和中亚的升幅最大，从 4% 增加到 17%，接下来是拉美及加勒比地区（从 5% 增加到 14%），南亚（从 1% 增加到 5%），中东和北非（从 3% 增加到 6%），撒哈拉以南非洲（从 1% 增加到 3%）。

2. 我国对不同区域新兴经济体的出口结构

（1）欧洲和中亚地区

对该地区出口的机电产品主要是由最终产品拉动。1998～2008 年资本品和运输设备的比重从16%上升到32%,上升16个百分点,资本品和运输设备的零部件的比重只从12%上升到17%,升幅仅5个百分点。机电产品的一般贸易比重明显提高,2001~2008比重从25%提高到40%,2008年的比重明显高于我国对新兴市场的平均水平(27%)。对主要国家如俄罗斯、匈牙利、土耳其、捷克、波兰、乌克兰、哈萨克斯坦、罗马尼亚出口机电产品均超过10亿美元,此8国占了我国对该地区机电产品出口的91%。

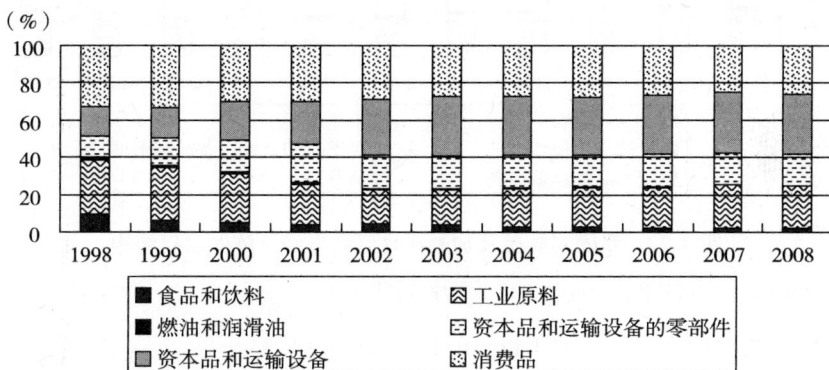

图4.21 我国对欧洲和中亚地区新兴经济体的出口结构

资料来源:根据联合国COMTRADE数据库数据计算。

(2)拉美及加勒比地区

同样是由机电产品拉动,零部件和最终产品的作用大体相当。1998~2008年从10%到24%,上升14个百分点,最终产品从20%到31%,上升11个百分点。2001~2008年一般贸易比重从38%上升到41%,升幅不大,但比重明显高于我国对新兴市场的平均水平。对主要国家如巴西、墨西哥、委内瑞拉、阿根廷、智利、哥伦比亚、巴拿马出口机电产品均超过10亿美元,巴西、墨西哥两国就占我对该地区机电产品出口的59%。

(3)南亚地区

机电产品也是我国对该地区出口的第一大类产品,2008年比重为45%。机电产品主要是最终产品带动,比重从1998年的13%上升到2008年的31%,升幅18个百分点。零部件比重变化很小,一直保持在14%左右。2001~2008年,在我国对南亚的机电产品出口中,一般贸易比重有所下降,从59%降至55%,但比重仍然超过一半,明显高于加工贸易的34%。主要出口市场是印度和巴基斯坦，2008 年机电产品出口金额分别达到 153 亿美元和 22 亿美元。

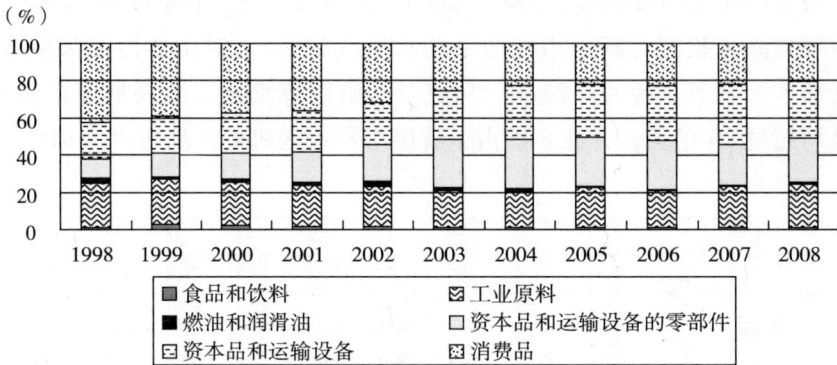

图 4.22　我国对拉美及加勒比地区新兴经济体的出口结构

资料来源：根据联合国 COMTRADE 数据库数据计算。

与前两个地区不同，我国对南亚出口的一个突出特点是工业原料（主要是化工产品、钢铁和纺织品）的比重大。虽然 1998～2008 年比重下降了 11 个百分点，但 2008 年比重仍高达 44%，仅略低于机电产品的比重。

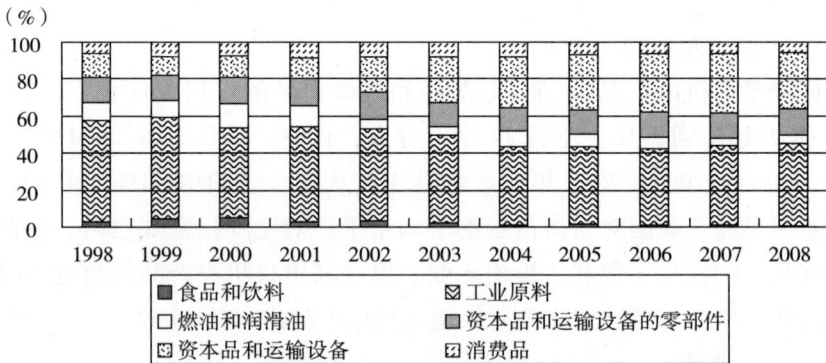

图 4.23　我国对南亚地区新兴经济体的出口结构

资料来源：根据联合国 COMTRADE 数据库数据计算。

（4）中东和北非地区

工业原料出口的贡献度最大，其次是机电产品。1998～2008 年，工业原料的比重从 23% 上升到 39%，升幅达 16 个百分点。机电产品比重从 31% 上升到 37%，升幅只有 6 个百分点。机电产品主要是靠最终产品带动，比重从 1998 年的 17% 上升到 2008 年的 27%，升幅为 10 个百分点，同期零部件的比重反而有所下降。机电产品主要是一般贸易。2008 年，一般贸易比重从 2001 年的 65% 降至 56%，但比重仍然超过一半，明显高于加工贸易的 39%。机电产品主要集中在阿联酋、伊朗、沙特阿拉伯、埃及、阿尔及利亚，2008 年的出口额均超过 10 亿美元，合计占该地区新兴经济体的 75%。

(%)

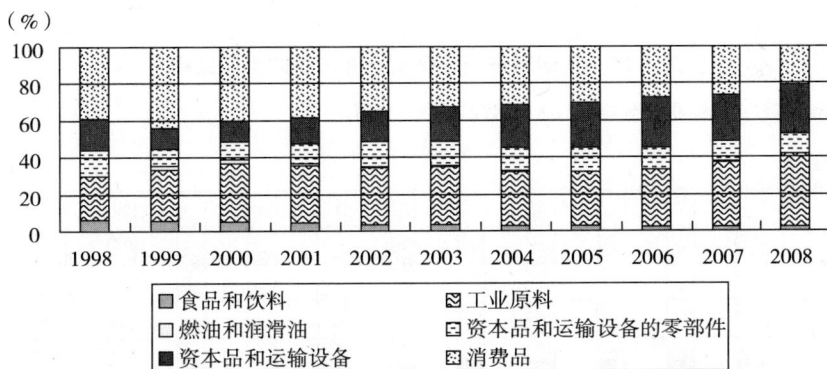

图 4.24　我国对中东和北非地区新兴经济体的出口结构

资料来源：根据联合国 COMTRADE 数据库数据计算。

（5）东亚地区

我对该地区出口主要是机电产品拉动，零部件作用更大。机电产品零部件的比重从 12% 上升到 28%，升幅达 16 个百分点，列新兴市场各地区之首。最终产品比重从 14% 上升到 23%，升幅为 9 个百分点。2008 年机电产品一般贸易比重为 16%，是各地区中最低的，明显低于我国对新兴市场的平均水平。另一方面，加工贸易占机电产品出口的比重则高达 78%。这反映出我国与东亚地区的新兴经济体在通信电子行业密切的产业链关系。对东亚地区的机电产品出口全部集中在中国香港、韩国、新加坡、中国台湾、马来西亚、印尼、泰国、菲律宾，2008 年我国对这 8 个国家和地区的机电产品出口额均超过 30 亿美元。

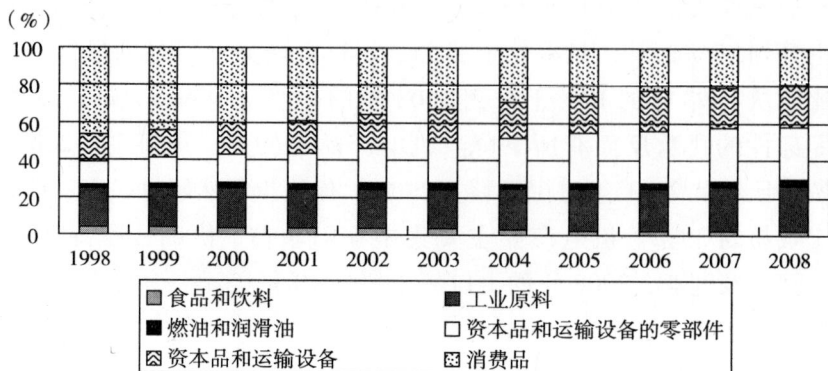

图 4.25 我国对东亚地区新兴经济体的出口结构

资料来源：根据联合国 COMTRADE 数据库数据计算。

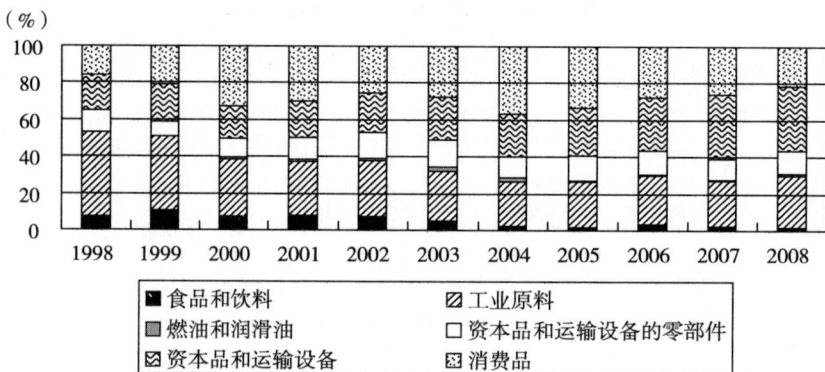

图 4.26 我国对撒哈拉以南非洲地区新兴经济体的出口结构

资料来源：根据联合国 COMTRADE 数据库数据计算。

（6）撒哈拉以南非洲地区

我国对该地区出口主要是机电产品拉动，其中又主要靠最终产品，比重从 1998 年的 19% 上升到 2008 年的 35%，升幅为 16 个百分点，同期零部件的比重的升幅不到 1 个百分点。机电产品主要靠一般贸易。2008 年机电产品出口的一般贸易比重为 62%，是新兴经济体中最高的，而加工贸易的比重只有 25%。机电产品出口主要集中在南非和尼日利亚，分别为 30 亿美元和 28 亿美元，合计占撒哈拉以南非洲新兴经济体的 70%。

（7）小结

我国对新兴经济体各地区的出口基本上都主要由机电产品拉动。除对中东和北非地区的出口是以工业原料为第一大类产品外，对其他地区的出口都是以机电产品为头号出口产品。在对东亚、欧洲和中亚、拉美及加勒比、南美、撒哈拉以南非洲的出口中，机电产品比重都在45%～55%左右，即便是在中东和北非地区，机电产品虽然只是第二大类出口产品，比重也达到37%。

对新兴市场的机电产品出口主要集中在少数经济规模较大或人口众多的国家和地区。前面提到，2008年我国对32个新兴经济体的机电产品出口超过10亿美元，它们合计就占我国对新兴市场机电产品出口总额的95%。在这32个经济体中，有12个从我国进口的机电产品超过60亿美元，它们是中国香港、韩国、新加坡、印度、中国台湾、马来西亚、俄罗斯、阿联酋、巴西、墨西哥、印尼、泰国，合计占我国对新兴市场机电产品出口总额的79%。

对新兴市场的一般贸易机电产品出口同样集中在少数经济规模较大或人口众多的国家和地区。2008年，我国对24个新兴经济体的一般贸易机电产品出口超过10亿美元，它们合计占我国对新兴市场的一般贸易机电产品出口的84%。在这24个经济体中，有14个从我国以一般贸易方式进口的机电产品超过20亿美元，它们是中国香港、印度、韩国、俄罗斯、印尼、阿联酋、巴西、中国台湾、新加坡、泰国、马来西亚、尼日利亚、土耳其、伊朗，合计占我国对新兴市场机电产品出口总额的69%。

我国对东亚的机电产品出口以加工贸易为主，一般贸易比重很低，而在对其他地区的机电产品出口中，一般贸易的比重要明显高于东亚。2008年，我国对东亚的机电产品出口只有16%是一般贸易，而对欧洲和中亚、拉美及加勒比的比重都在40%左右，对中东和北非、南亚、撒哈拉以南非洲则都在55%以上。

我国对新兴市场机电产品零部件出口的增长主要来自东亚、拉美、欧洲和中亚，南亚、撒哈拉以南非洲虽然比重尚小，但也增长迅猛。1998～2008年，这三个地区对我国对新兴市场新增机电产品零部件出口的贡献率分别为66%、15%和13%，合计达94%。东亚仍是我国对新兴经济体出口机电产品零部件的主要目的地，但其增长率则远远低于其他地区。1998～2008 年，我国对东亚的机电产品零部件出口增长了 8 倍，而对拉美、欧洲和中亚、南亚、撒哈拉以南非洲则分别增长了 36 倍、33 倍、23 倍、24 倍。

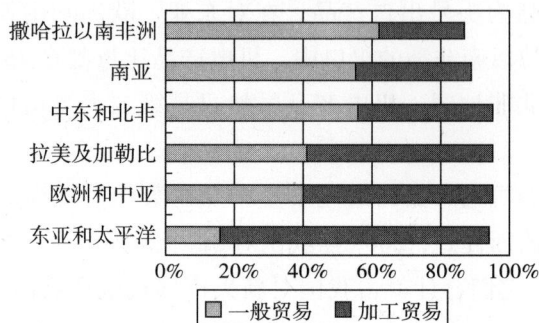

图 4.27　我国对新兴市场机电产品出口的贸易方式

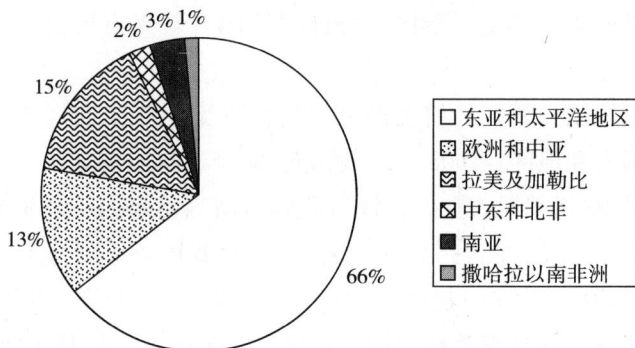

图 4.28　1998～2008 年新增资本品和运输设备零部件出口贡献率

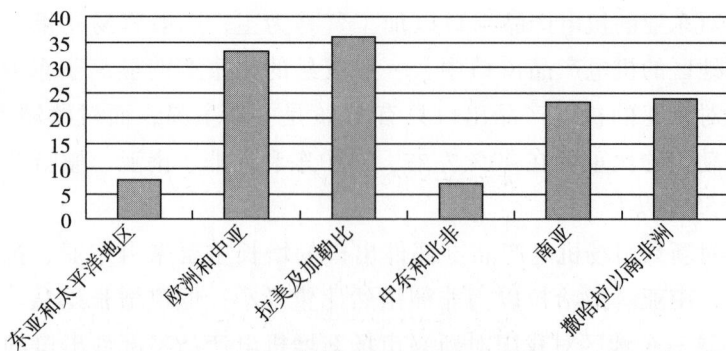

图 4.29　1998～2008 年资本品和运输设备零部件出口额增长倍数

3. 新兴经济体是我国主要的进口来源

与新兴经济体在全球出口中所占比重大幅提升不同，近年来新兴经济体在我国进口中的比重一直稳定在60%左右。

中国从新兴经济体的进口已由工业原料为主转变为以机电产品，特别是机电产品的零部件为主。1998～2008年，资本品和运输设备（包括零部件）占中国从新兴经济体进口的比重从31%上升到47%，工业原料的比重则从44%下降至26%。值得注意的是，机械电子设备进口的增加主要是由零部件的进口带动的。1998～2008年，资本品和运输设备的最终产品的进口比重实际上只增加了2个百分点（从10%到12%），而零部件的进口比重则增加了14个百分点（从20%到34%）。也就是说，2008年在中国从新兴经济体进口的机电产品中，近3/4都是零部件，只有大约1/4是最终产品，机电产品零部件已成为我国从新兴经济体进口的第一大类产品。相比之下，我国从发达经济体的进口也是以机电产品为主，但其中零部件和最终产品的比重大致相当。2008年，资本品和运输设备（包括零部件）占中国从发达经济体进口的比重为51%，其中零部件和最终产品大约各占一半。

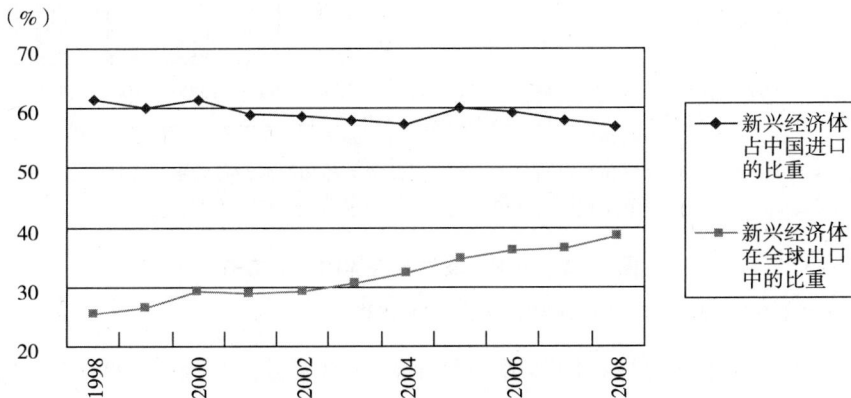

图4.30　新兴经济体占中国进口比重

注：这里的新兴经济体均不包括中国。

资料来源：UN COMTRADE；UNCTAD 数据库 Handbook of Statistics On–line。

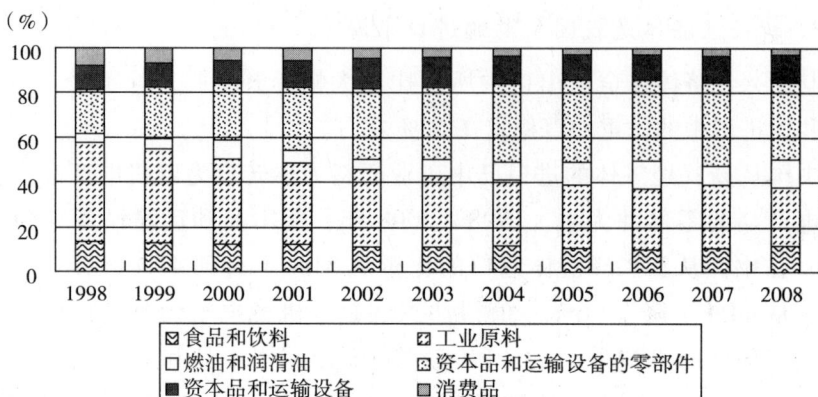

图4.31　中国对新兴经济体的进口结构

资料来源：根据联合国 COMTRADE 数据库数据计算。

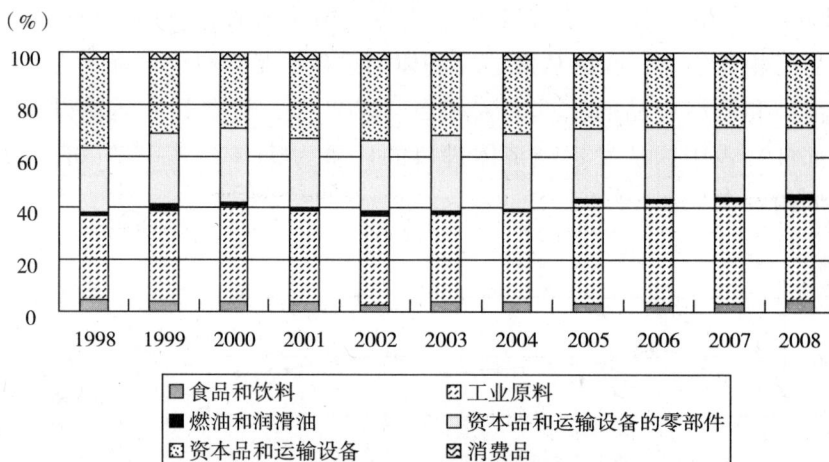

图4.32　中国对发达经济体的进口结构

资料来源：根据联合国 COMTRADE 数据库数据计算。

　　新兴经济体一直是我国能源的最主要进口来源。1998～2008 年，新兴经济体占我国燃油和润滑油进口总额的比重基本维持在 80% 左右，2008 年的比重为 84%。1998～2008 年，燃油和润滑油占我国从新兴经济体进口的比重明显上升，从 4% 增加到 12%。除了实际需求增加，价格上涨也是推动我国从新兴经济体进口燃料增加的重要因素。

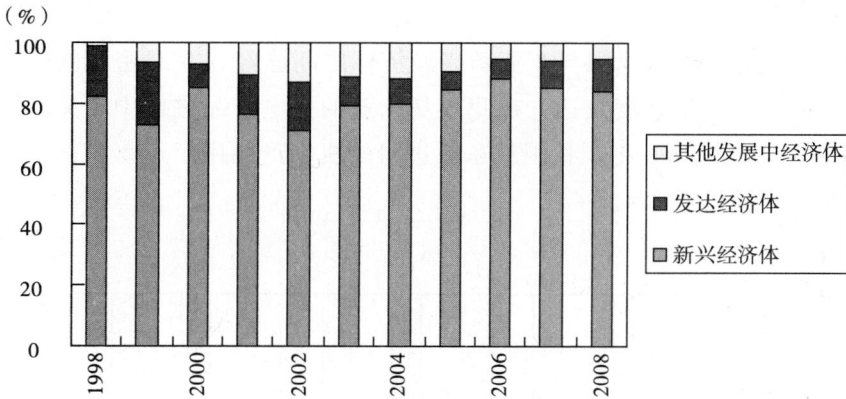

图 4.33　我国燃油和润滑油的进口来源

资料来源：根据联合国 COMTRADE 数据库数据计算。

进口来源高度集中在东亚。我国从新兴经济体的进口高度集中于东亚，2000 年的比重高达 90%，虽然近年来趋于下降，但 2008 年仍然超过 3/4。

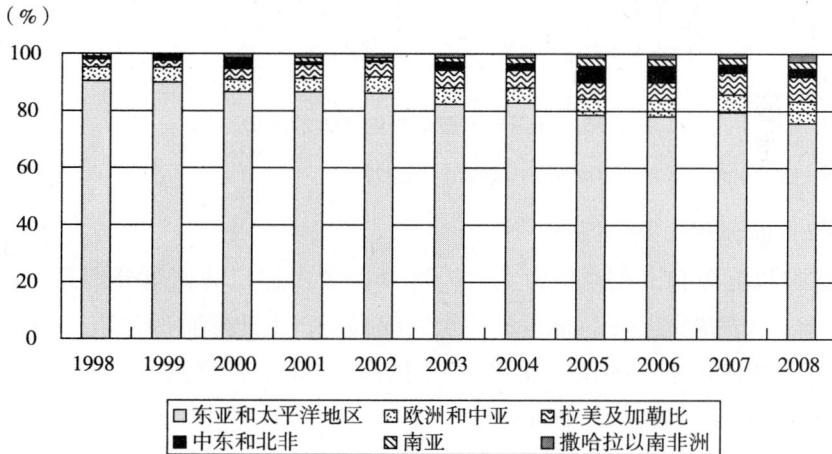

图 4.34　中国对新兴经济体进口的地区结构

资料来源：根据联合国 COMTRADE 数据库数据计算。

4. 我国从不同区域新兴经济体进口的结构分析

（1）东亚地区

我国从东亚的进口是以机电产品为绝对主导，2008 年的比重高达 60%。

前面的分析中提到，我国对东亚的出口中，机电产品的比重也高达 51%。两个数据充分反映出我国与东亚新兴经济体之间已经建立起密切的产业链关系，产业内贸易高度发达。在我国从东亚的机电产品进口中，又以零部件为绝对主导。2008 年，我国从东亚进口的机电产品中，近 3/4 都是零部件，最终产品只占 1/4。

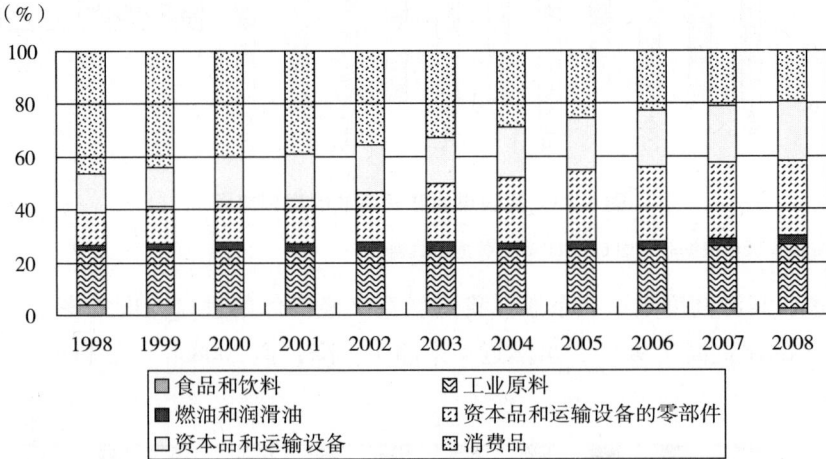

图 4.35　我国对东亚新兴经济体的进口结构

资料来源：根据联合国 COMTRADE 数据库数据计算。

（2）欧洲和中亚地区

进口以能源和工业原料为主，2008 年两者占进口的比重分别高达 46% 和 43%。从发展趋势看，能源的比重大幅提高，工业原料的比重大幅下降。2008 年，能源占进口的比重比 1998 年提高了 42 个百分点，工业原料的比重则比 1998 年下降了 27 个百分点。

（3）拉美及加勒比地区

以工业原料、食品和饮料为主导。2008 年两者占进口的比重分别为 61% 和 31%。这是由于拉美地区的矿产资源和农产品都比较丰富。从发展趋势看，工业原料的比重略有下降，食品和饮料的比重略有上升，但变化都不大。

（%）

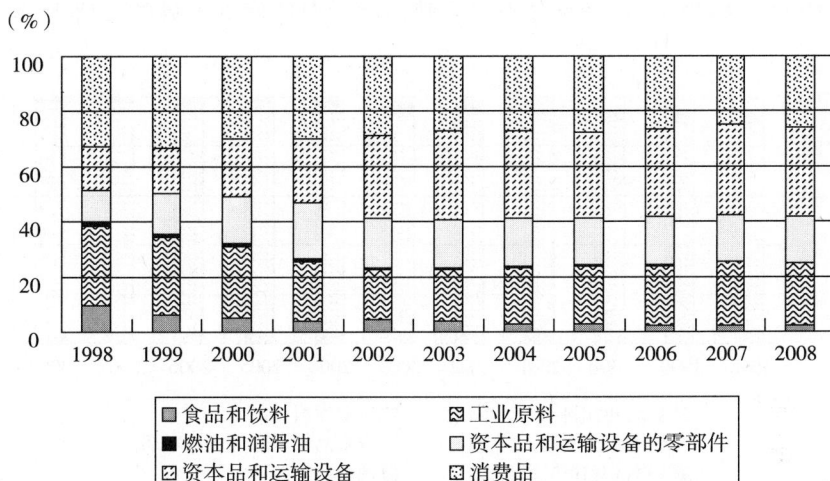

图 4.36　我国对欧洲和中亚新兴经济体的进口结构

资料来源：根据联合国 COMTRADE 数据库数据计算。

（%）

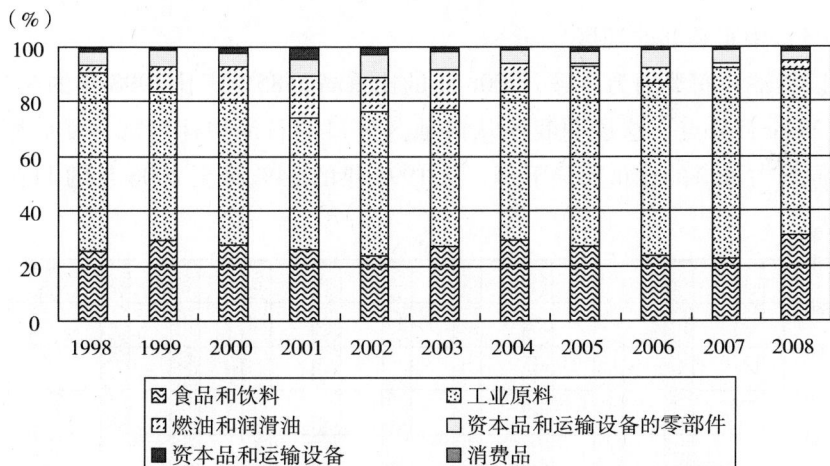

图 4.37　我国对拉美及加勒比新兴经济体的进口结构

资料来源：根据联合国 COMTRADE 数据库数据计算。

（4）南亚地区

工业原料占了绝对主导，2008 年的比重高达 92%。这主要是由于我国从印度进口了大量的铁矿砂。近年来工业原料的比重还呈上升趋势，2008

年比1998年提高了14个百分点，反映出我国对印度铁矿砂的旺盛需求。

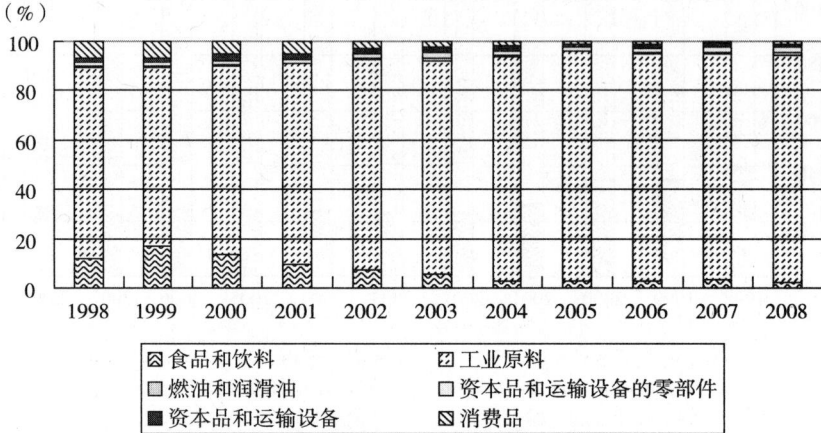

图4.38　我国对南亚新兴经济体的进口结构

资料来源：根据联合国 COMTRADE 数据库数据计算。

（5）中东和北非地区

以燃油和润滑油为主导，2008年的比重高达85%，比1998年的65%提高了20个百分点。这说明我国从该地区进口的石油快速增加。受此影响，工业原料占进口的比重明显下降，从1998年的34%降至2008年的11%。

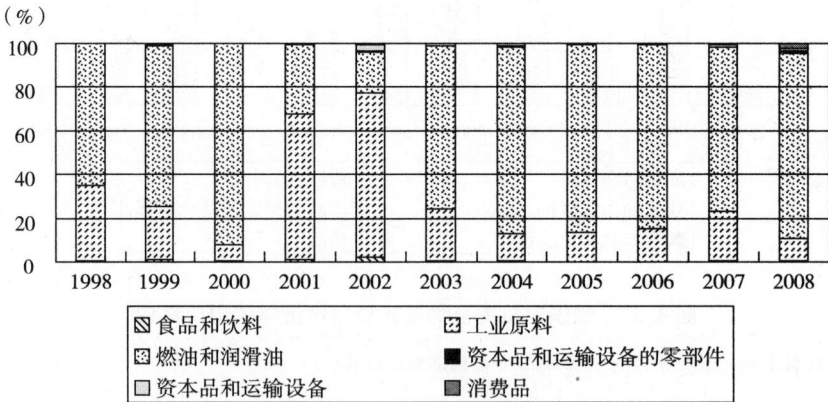

图4.39　我国对中东和北非地区新兴经济体的进口结构

资料来源：根据联合国 COMTRADE 数据库数据计算。

（6）撒哈拉以南非洲

以燃油和润滑油、工业原料为主导，2008 年两者占进口的比重分别为
61% 和 37% 。这反映出非洲在石油和矿产资源方面的优势。

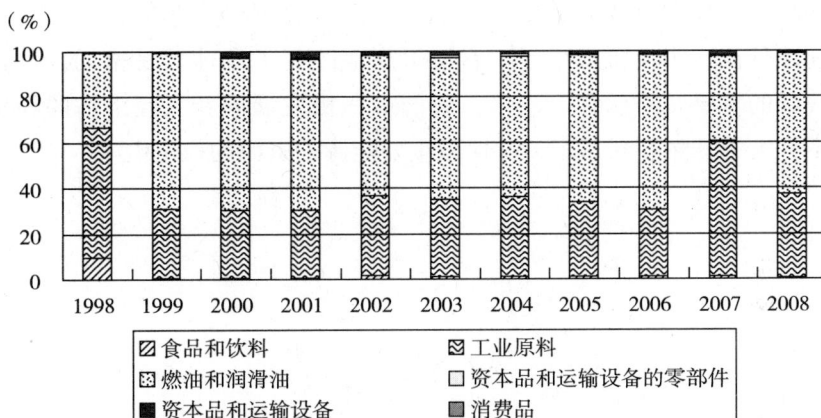

图 4.40　我国对撒哈拉以南非洲新兴经济体的进口结构

资料来源：根据联合国 COMTRADE 数据库数据计算。

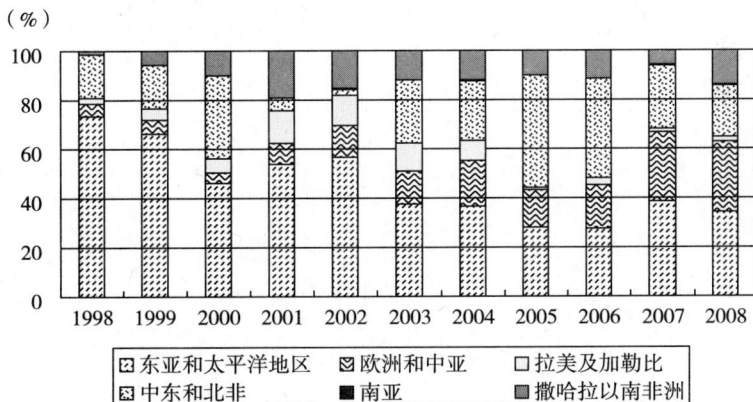

图 4.41　我国从新兴经济体进口燃油和润滑油的地区分布

资料来源：根据联合国 COMTRADE 数据库数据计算。

（7）小结

我国除了从东亚大量进口机电产品外，从其他地区新兴经济体进口的
主要都是初级产品，即石油、矿产资源、农产品。

　　我国从新兴经济体的能源进口来源日趋多元化。1998 年进口高度集中于东亚以及中东和北非，比重分别为 73% 和 18%，现在则增加了中亚、撒哈拉以南非洲这两个重要来源地，2008 年上述四个来源地的比重分别为 34%、21%、29% 和 13%。

　　前述分析表明，新兴经济体不仅深刻地改变了全球贸易格局，也发展成为我国的重要贸易伙伴。未来，我国应积极发展同新兴经济体的经贸合作关系，大力开拓新兴市场，并保障重要能源、资源的稳定供应。

第五章　新兴经济体对全球投资格局的影响

　　跨境投资是经济全球化主要动力之一，为各国参与国际分工和提升产业结构提供了更多的机会。近年来，作为世界经济增长的重要驱动力，新兴经济体吸引外资和对外投资的持续快速增长已引起各国关注。目前，新兴经济体尚不是我国吸收外资的主要来源地，对新兴经济体直接投资虽在我国海外投资中占主要地位，但多以贸易和资源类投资为主，投资领域和方式有待拓展。

　　面对金融危机后全球跨境投资和产业结构调整带来的机遇，面对新兴经济体在吸引外资上的激烈竞争和扩大海外投资的巨大潜力，中国应该加强与新兴经济体在投资领域的合作，在促进跨境投资的同时，推动结构升级和经济增长方式的转变。

一、全球跨境投资格局以及新兴经济体的作用

1. 全球 FDI 的发展趋势和特点

（1）全球跨境直接投资呈现大幅波动

　　全球化和信息技术革命推进了跨国资金流动。近 30 年来，全球投资自由化、便利化进一步推进，跨境投资的制度环境不断改善：与贸易相关的投资措施协议（TRIMs）为多边投资体制提供了初步的框架；区域经济一体化中的投资自由化与便利化安排，推动跨境投资体制环境的发展；尽管个别国家加强了对外资的安全审查，但东道国总体政策调整朝着有利于投资自由化和便利化的方向推进。总体来看，全球跨境直接投资呈上升趋势。

　　进入本世纪以来，两次全球性危机均导致全球直接投资的大幅下滑

（见图 5.1）。在互联网泡沫破裂后，全球跨境投资从高峰期（2000 年）的 1.38 万亿美元快速降至 2003 年的 5651 亿美元，随后开始快速回升，2007 年达到历史最高的 2 万亿美元。受此次全球经济衰退和金融市场萎缩的影响，全球跨境资本流动显著下降，2008 年全球 FDI 流入量下降 16%，2009 年进一步减少 37%，降至 1.1 万亿美元。

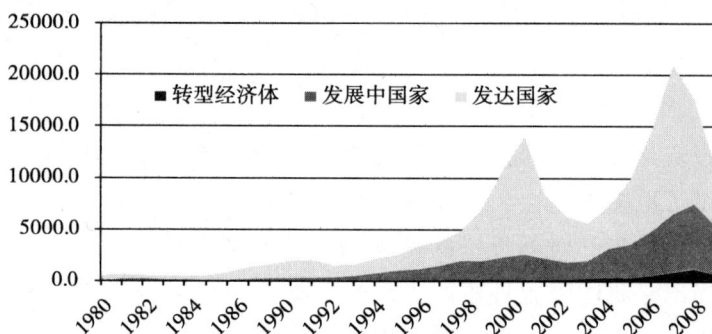

图 5.1   全球跨境投资（FDI inflow）发展趋势（1980～2009，单位：亿美元）

资料来源：联合国贸发会议（UNCTAD）《2010 世界投资报告》。

（2）全球跨境投资格局出现调整

随着发展中国家和转型经济体的经济发展和对外资吸引力的逐步提高，其在全球 FDI 流动中的地位日趋重要，全球跨境投资格局调整的趋势逐步增强。

从 FDI 流入看，20 世纪 80 年代，发达国家吸引外国直接投资在全球 FDI 流入中占比的平均值为 74.3%，90 年代至危机前的 2007 年基本保持在 65%～68% 的水平。金融危机后，2008 年和 2009 年发达国家 FDI 流入量分别下降 29% 和 41%，在全球的比重降至 56.7% 和 50.8%（见图 5.2）。由于金融危机的影响滞后，2008 年发展中国家和转型经济体的 FDI 流入量继续保持增长，虽然增幅（17%）远低于前几年的水平，但外资利用额全球前 20 位的经济体中，有一半是新兴经济体。2009 年 FDI 流入量出现下滑但降幅低于发达国家，在全球 FDI 流入的份额从 80 年代的 25.7%，提高到 2008 年的 43.3%，2009 年进一步提升至 49.2%。其中，南亚、东亚和东南亚占 20.9%；拉丁美洲和加勒比地区占 10.5%；东南欧和独联体等转型经济体占 6.3%；西亚的外国直接投资流入量占6.1%；非洲的流入量占5.3%。

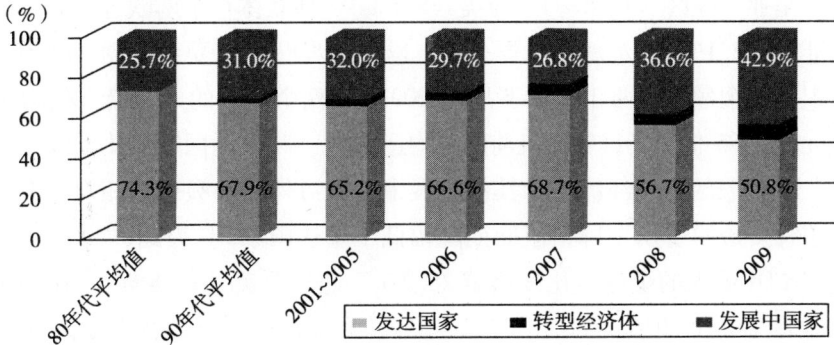

图5.2　全球跨境投资格局（FDI Inflow）的变化

数据来源：UNCTAD数据库。

在全球FDI流出中，发达国家的主导地位更为突出（见图5.3），2005年前在全球的比重长期接近90%的水平。近两年，发展中国家和转型经济体海外投资逐步提高，在全球FDI流出中的地位也有所增强，在全球FDI流出总的占比已经从80年代平均5.9%提升至2008年的15.8%。

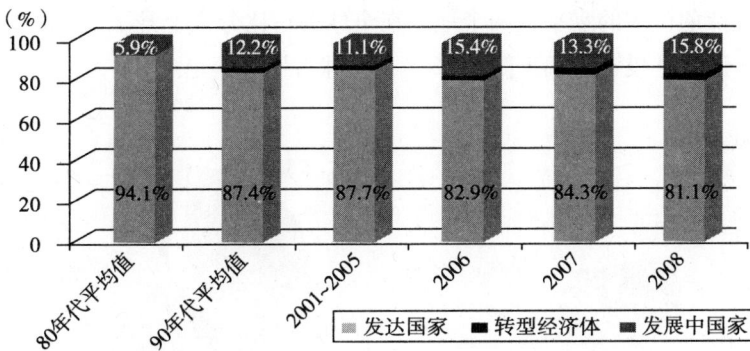

图5.3　全球跨境投资格局（FDI Outflow）的变化

数据来源：UNCTAD数据库。

从区域发展趋势看，全球跨境投资格局也发生了新的变化。金融危机发生前，欧洲一直是吸引外国直接投资最多的地区，2007年FDI流入达到9884亿美元的历史新高，在全球FDI流入中占据近一半的比重（见图

5.4)。北美以3744亿美元在全球吸引外资中占有18.5%的份额，位居第二。其次，是亚太地区（16.8%）、拉美（8.1%）、独联体与东南欧（4.5%），最后是非洲（3.1%）。金融危机爆发后，欧美等发达国家受到重创，欧洲和北美吸引外资金额连续两年大幅下滑，2009年，两个地区的FDI流入仅为3784亿美元和1485亿美元，较危机前降幅均达60%。与发达国家相比，以"金砖四国"为代表的新兴经济体和其他发展中国家对外资的吸引力相对提升，虽然吸引外资规模有所下降，但同期降幅低于发达国家①。为此，2009年，亚太地区FDI流入的全球占比猛增至28.2%，超过北美（13.8%），仅次于欧洲居全球第二位（35.2%），拉美、独联体和非洲的占比也有小幅提高。

在FDI流出方面，金融危机前欧美发达国家占全球对外直接投资的比重合计高达84.1%（见图5.5），亚太地区占比为10.4%，拉美、非洲、独联体与东南欧的占比均不足3%。金融危机爆发后，欧洲对外投资能力明显下降，两年之内对外投资下降67.9%（见表5.1），在全球FDI流出中的比重下降近20个百分点。北美对外投资下降36.7%，在全球的比重从2007年的20.9%提高到2009年的28.5%，仍居第二位。同期，亚太地区FDI流出的降幅仅为21.6%，在全球的占比提升至17.6%。拉美的降幅为15.3%，独联体对外投资基本维持危机前的水平，两个地区在全球的占比分别上升了2.1和2.7个百分点。非洲对外投资大幅下降50%，在全球占比仍不足1%。

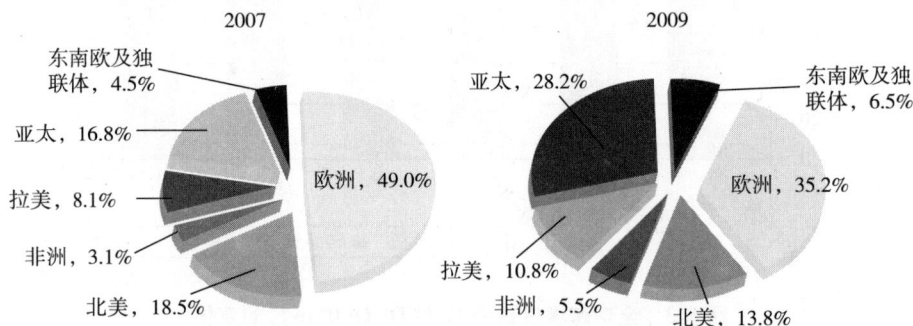

图5.4 全球FDI流入的区域分布变化

数据来源：2009和2010年世界投资报告。

---

① 拉美和独联体的降幅分别为28.7%和23.2%，亚太地区和非洲降幅更低，分别为10.3%和7.1%。

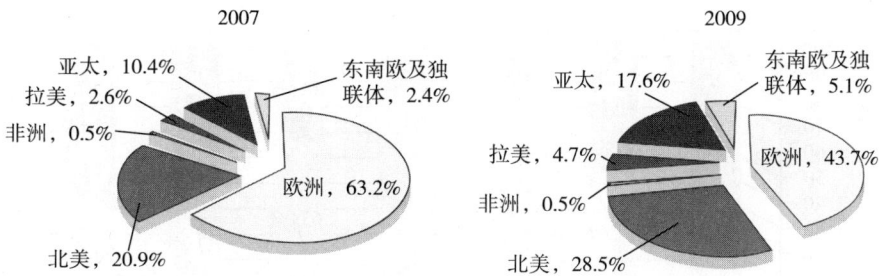

图 5.5　全球 FDI 流出的区域分布变化

数据来源：2009 和 2010 年世界投资报告。

表 5.1　　　　　　金融危机后，各地区对外直接投资的变化　　　　单位：亿美元

	2007	2009	降幅（%）
欧洲	13676	4396	67.9
北美	4532	2869	36.7
亚太	2256	1768	21.6
拉美	560	474	15.3
东南欧及独联体	515	512	0.6
非洲	106	50	53.2

数据来源：UNCTAD2009 和 2010 年世界投资报告。

（3）跨国并购日益活跃

跨国公司进行全球战略布局，是国际产业转移的主要推动力。其中，跨国并购凭借直接获取目标企业现有资源、快速占领市场和融资便利等优势，自 20 世纪 90 年代中期以来快速发展，2000 年达到历史高点 1.1 万亿美元，取代传统的绿地投资（Greenfield Investment）成为最主要的跨境直接投资方式，在全球直接投资中的比重一度高达 79.7%。互联网泡沫破裂后进入调整期，2004 年来跨国并购（M&A）出现了又一轮快速增长，2005 年在前期 FDI 流动中的比重达到历史最高的 81.5%（见图 5.6）。

从跨国并购的行业分布看，服务业的跨国并购金额大、占比高，但主要集中于金融业，其次为酒店餐饮、基础设施和商业服务领域（见图 5.7）；而图 5.8 显示，近几年制造业领域并购发展较快，跨国并购多发生在钢铁、化工、食品饮料、电信和机械设备等行业。

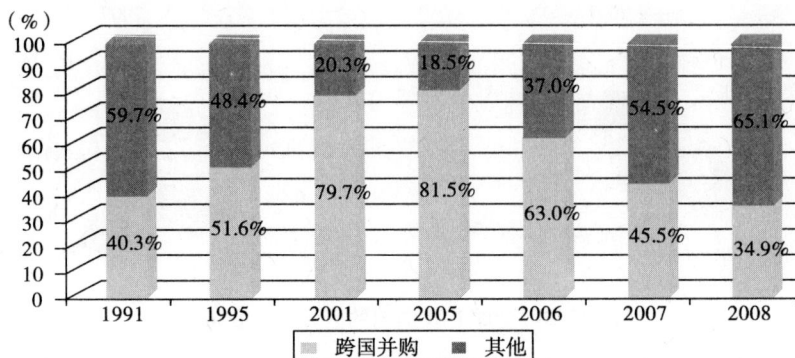

图 5.6　跨国并购在全球 FDI 流入中的占比变化

数据来源：UNCTAD 数据库。

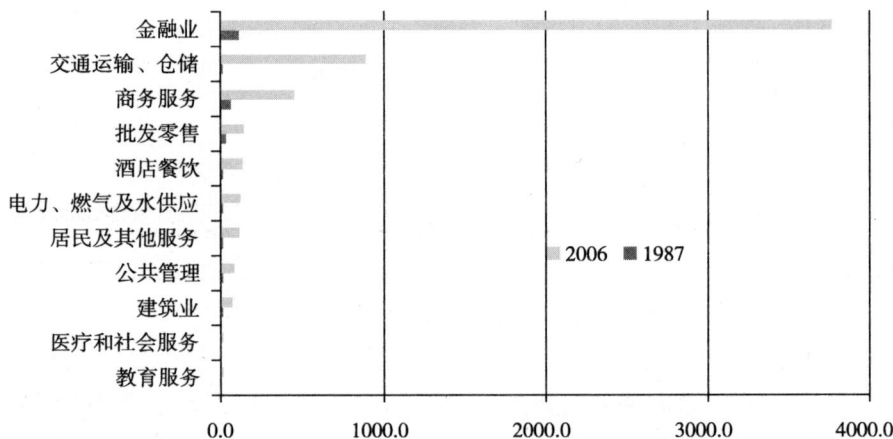

图 5.7　跨国并购的产业变化（服务业，单位：亿美元）

数据来源：UNCTAD 数据库。

受金融市场萎缩和跨国公司资金短缺的影响，2008 年，跨国公司海外子公司的总产值、销售额、资产价值及就业全面下滑，跨国公司国际化进程放缓。但统计显示，危机期间大型跨国企业海外产值降幅大大低于总体经济降幅。2009 年跨国企业产值在全球国内生产总值中的比重创下 11% 的历史新高，海外雇员人数也实现小幅增长。从跨国公司的投资方式看，跨国并购在金融危机中下滑最严重，一度成为导致国际跨境投资流量下滑的重要原因。2008 年和 2009 年，全球跨国并购交易额分别下降 35% 和 65%，在

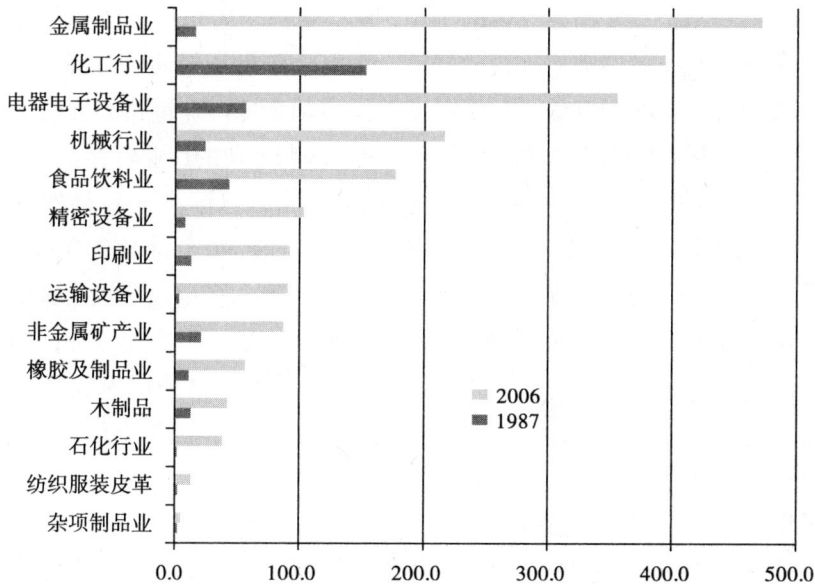

图 5.8 跨国并购的产业变化（制造业，单位：亿美元）
数据来源：UNCTAD 数据库。

全球 FDI 流动中的占比也大幅下滑。相比而言，2009 年国际"绿地"投资项目数量和实际金额的降幅分别仅为 23% 和 15%，表现出一定的抗跌能力。

值得注意的是，在全球新一轮结构调整中，许多国家加快了国有企业的私有化进程，创造了大量的跨国并购机会，在全球投资复苏过程中，跨国并购的快速反弹最为显著。据世界投资报告称，2010 年 1~5 月全球跨国并购同比增加 36%。据金融数据供应商 Dealogic 最新发布的全球并购数据显示，自 2010 年下半年以来，全球跨国并购迅速增加，7 月并购额达 2246 亿美元，预计 8 月并购额可能达到 2850 亿美元，接近 2007 年同期的历史高点①。

（4）国际产业转移高端化将促进跨境投资的发展

伴随着经济全球化的日益深入，物流和信息通信技术的迅猛发展，国际产业转移在全球化和各国产业升级中发挥了重要作用，近年来产业转移的高端化趋势不断增强。

一是高端制造业的产业转移加快。历史经验表明，每一次金融危机之后

——————————

① 2007 年 8 月全球并购总额为 2974 亿美元。

都伴随着产业结构调整和大规模的产业转移。亚洲金融危机、IT 泡沫破裂和此次金融危机后，各国政府在挽救经济、恢复金融市场的同时，都在加快经济结构调整和产业转型升级，其中对世界经济和全球产业链格局影响最大的是通过国际直接投资加快产业转移，特别是高端制造业的产业转移。

二是研发的国际化趋势进一步增强。近年来，国际产业转移的领域不断拓展，服务业外包成为推动新一轮产业转移和经济全球化的重要力量。服务业跨国产业转移的加快，表现在服务业 FDI 流入在全球跨境投资中的重要性迅速上升，目前约占每年全球 FDI 流入的 2/3 以上。在服务业国际产业转移的过程中，最为值得关注的是，跨国公司纷纷在其他国家建立研发中心，通过争夺和利用当地人才和资源，直接为本土市场和全球战略服务，研发的国际化趋势逐步增强。

（5）新领域投资成为热点

一是农业投资。《2009 年世界投资报告》以"跨国公司、农业生产与发展"主题，就全球农业投资及跨国公司的作用进行了专题探讨。报告指出，由于粮食进口需求和生物燃料生产的需求日益增长，加上全球性土地和水资源短缺，为确保粮食安全、食品安全和农业现代化生产，流入农业生产领域的外国直接投资大幅提高，全球年均流入量从 90 年代初的 10 亿美元提高到 2007 年的 30 亿美元。虽然与全球 FDI 总量相比仍然很小，但若以流入与农业相关的产业链 FDI 金额计算则更高，仅食品和饮料产业的年均投资额就超过 400 亿美元。与农业相关的行业涉及农业资源投资、食品加工制造、贸易和零售等诸多环节，其中跨国公司占据极为重要的地位。例如，食品加工行业的前 9 家公司的总部都设在发达国家，每家公司控制约 200 亿美元的外国资产；零售行业最大的 25 家公司中有 22 个来自发达国家。此外，主权财富基金和国际机构等也越来越积极地参与农业投资。

跨国公司近年来对外征购土地、投资农业生产和农产品加工等领域的活动日益活跃，促进了农业生产力的提高，对农业现代化和商业化、整体经济发展发挥了重要作用。据联合国贸发会议统计，金融危机以来，无论以跨国并购金额还是案例数计，制造业和服务业所占比重都呈下降趋势，唯有包括资源和农林渔业的占比有显著提升（见表 5.2）。据《2010 年世界投资报告》最新预测，今后几年国际跨境投资增长将延续危机前的趋势，即制造业投资所占比重将进一步下滑，农业则将提供更多跨境投资机会。

表 5.2　　　　金融危机前后，跨国并购的产业分布金额和占比

	并购额（10 亿美元）		并购案例（件）	
	2007	2009	2007	2009
初级产品	74	48	485	433
	7.2%	19.2%	6.9%	10.2%
制造业	337	76	1993	1153
	32.9%	30.4%	28.4%	27.2%
服务业	612	126	4539	2653
	59.8%	50.4%	64.7%	62.6%

数据来源：UNCTAD 跨国并购数据库。

二是低碳投资成为新的投资热点。全球气候变化是人类面临的共同挑战，世界各国和国际组织均高度重视气候变化带来的挑战和机遇，积极参与全球气候治理，低碳产业发展前景十分广阔。在刚刚公布的《2010 年世界投资报告》中，首次将低碳经济投资作为专题进行探讨。其中的数据显示，危机爆发后跨国公司在全球积极开展低碳投资，2009 年仅流入可再生能源领域、循环再利用领域、与环保技术有关的产品制造等三个主要低碳行业的 FDI 已达 900 亿美元。由于低碳经济难以界定，实际低碳投资总规模更大，未来增长潜力无限。以节能环保技术和低碳技术为代表的新一轮科技进步将带来新的增长机遇，将吸引、集聚各方面资金，极大地促进危机后国际跨境投资的发展。作为主要的碳排放来源、低碳技术和资金的供应方，跨国公司在未来低碳投资中将发挥非常重要的作用。

（6）新兴经济体跨国公司日益活跃、壮大

新兴经济体对外投资的快速发展，主要源于自身经济的快速发展、对外贸易的扩大、政府的鼓励政策、本地企业的国际化经营意识和全球竞争力的持续提高。其中尤为值得关注的是，新兴经济体跨国公司逐步发展壮大，在国际跨境投资中日益活跃。在 25 家世界一流新兴市场跨国公司中，一半以上的企业从事资金密集型或高新技术产业，如 IT、生物科技、钢铁、航空等领域[1]。

---

[1]　资料来源：安东尼·阿格塔米尔：《世界是新的：新兴市场崛起与争锋的世纪》，东方出版社 2007 年版。

参加联合国贸发会议《2010～2012年世界投资前景调查》的跨国公司表示，未来两年将继续以跨国并购等方式加快国际化进程。由于新兴经济体在危机后拥有相对充裕的资金和增长前景，其跨国企业对于全球经济复苏的信心要强于发达国家，在危机后继续积极拓展海外市场的意愿更加强烈，预计其海外投资的恢复将较快实现。虽然短期内无法改变发达国家作为对外投资主要来源地的基本格局，但新兴经济体的跨国企业成长将成为全球跨境投资的新亮点。

（7）应对危机的跨境投资政策变化

在全球投资自由化和便利化的进程中，跨境投资的制度环境不断改善。近20年来，全球涉及跨境投资的国家级政策法规中，投资自由化政策或投资促进政策仍占多数。虽然，此次金融危机并没有导致投资保护主义的泛滥，在2009年各国推行的102项涉及跨境投资管理新政策中[①]，有利于跨境投资的政策为71项，如降低外资进入壁垒，开放新的投资领域，利用财政和金融政策鼓励外资进入重点产业和地区等。但值得注意的是，对外资的限制性规制呈上升趋势，特别是一些国家在危机期间进一步加强了政府对外资的监管和干预，如因国家经济和产业安全原因强化外资审查制度（scrutinizing FDI）或对战略性行业实行国有化政策，也有部分国家实行"buy local"等变相的投资保护主义，部分新兴经济体更加注重吸引跨国投资过程中的环境与社会保护等。

2. 新兴经济体在国际跨境投资中的表现和作用

根据本书对新兴经济体的界定，即中等收入和高收入的发展中国家定义为新兴经济体，我们按照发达国家、新兴经济体和其他发展中国家等"三个世界"的划分[②]，进一步分析新兴经济体在国际跨境投资中的发展趋势及发挥的作用。

（1）新兴经济体吸引外国直接投资

近20年来，新兴经济体对国际跨境资本的吸引力显著提高。尽管全球外

---

① 资料来源：贸发会议《关于外国直接投资的国家法律和法规改革年度调查》。

② 按照本课题的界定，发达经济体共有34个，新兴经济体有133个，其他发展中经济体有43个，大部分是最不发达国家，位于撒哈拉以南的非洲地区。

国直接投资在过去20年出现两次大幅波动，但新兴经济体吸引外资一直处于稳步上升的态势。1991~2008年，发达国家吸引外国直接投资从1040亿美元提高至9004亿美元①，同期，新兴经济体的FDI流入从409亿美元提高至7718亿美元，不仅在吸收外国直接投资总额上逼近发达国家的水平，17.7倍的增长也远高于发达国家的7.7倍；其他发展中国家在同期的增长幅度也达到17.2倍，但FDI流入规模2008年仅为250亿美元，重要性远低于另两类经济体。

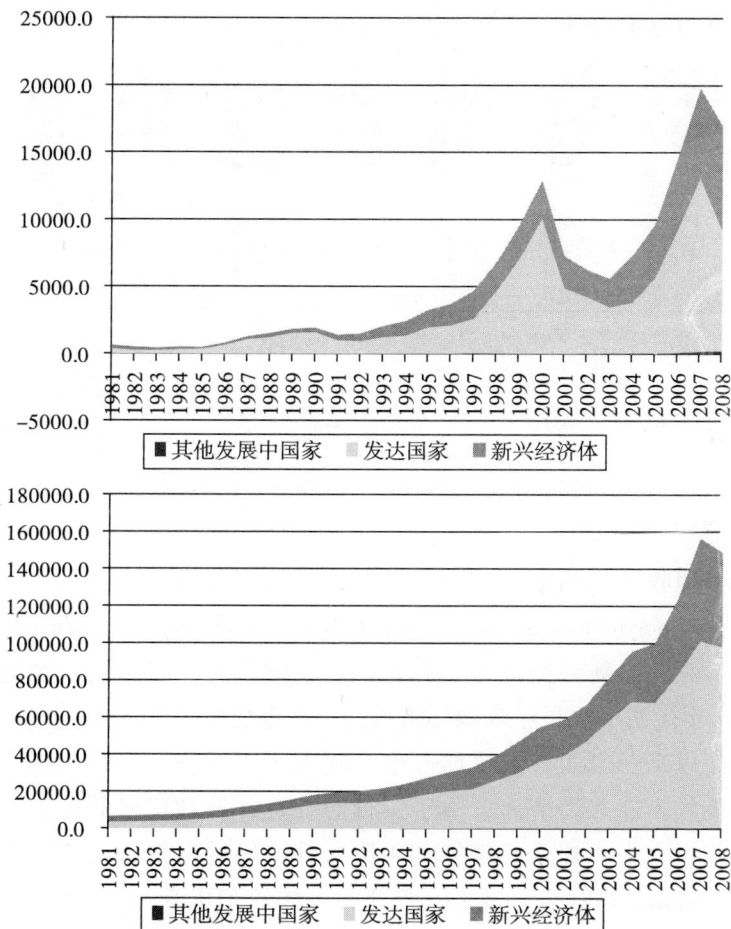

图5.9　全球FDI流入（上图：流量，下图：存量，单位：亿美元）
数据来源：UNCTAD数据库。

---

① 2007年发达国家吸引的FDI达到1.29万亿美元，受金融危机影响，2008和2009年大幅下滑。

发达国家在全球跨境投资中占据主导地位，但近年来重要性有所下降（见图 5.10），在全球 FDI 流入中的比重从 80 年代的 72% 快速下降至 90 年代的 60.6%，IT 泡沫破裂后进一步降低，此次金融危机后大幅回落到 53%。其他发展中国家基本保持在 1 ~ 2% 的水平，而新兴经济体对国际跨境投资的吸引力逐步提升，从 80 年代 FDI 流入占全球总量的 25.3% 升至 90 年代的 33.4%，新世纪，特别是金融危机以来进一步提升，2008 年在全球 FDI 流入中的比重约为 45.5%，与发达国家占比的差距仅为 8.4 个百分点。

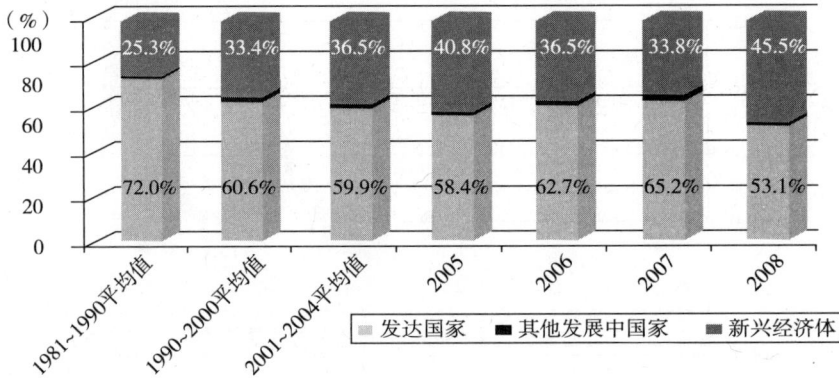

图 5.10   不同经济体在全球 FDI 流入中的占比变化
数据来源：UNCTAD 数据库。

如果按照收入水平划分，新兴经济体可以分为高收入（high income）、中高收入（upper middle income）和中低收入（lower middle income）三个类别。其中，高收入新兴经济体（如韩国、中国台湾、匈牙利、沙特等）在 20 世纪 80 年代初期曾是吸收国际跨境投资的重要新兴经济体，90 年代，特别是新世纪以来，巴西、俄罗斯等中高收入新兴经济体和以中国、印度为代表的中低收入新兴经济体，由于实行对外资开放和优惠政策，对国际跨境投资的吸引力大大提升，每年 FDI 流入量均超过高收入新兴经济体（见图 5.11）。例如，1981 年，高收入新兴经济体的 FDI 流入为 108 亿美元，而中高收入和中低收入新兴经济体的 FDI 流入分别为 88.7 亿美元和 37.2 亿美元；但到 2008 年，中高收入和中低收入新兴经济体吸引的国际直接投资分别达 3026 亿美元和 2607 亿美元，不仅从金额上远高于高收入经济体的 2084 亿美元，在增速上也明显高于高收入新兴经济体（1981 ~ 2008 年高、中、低三类新兴经济体 FDI 流入分别提高 18.1 倍、33 倍和 69 倍）。当然，从存量看，他们与高收入经济体还有一定差距。

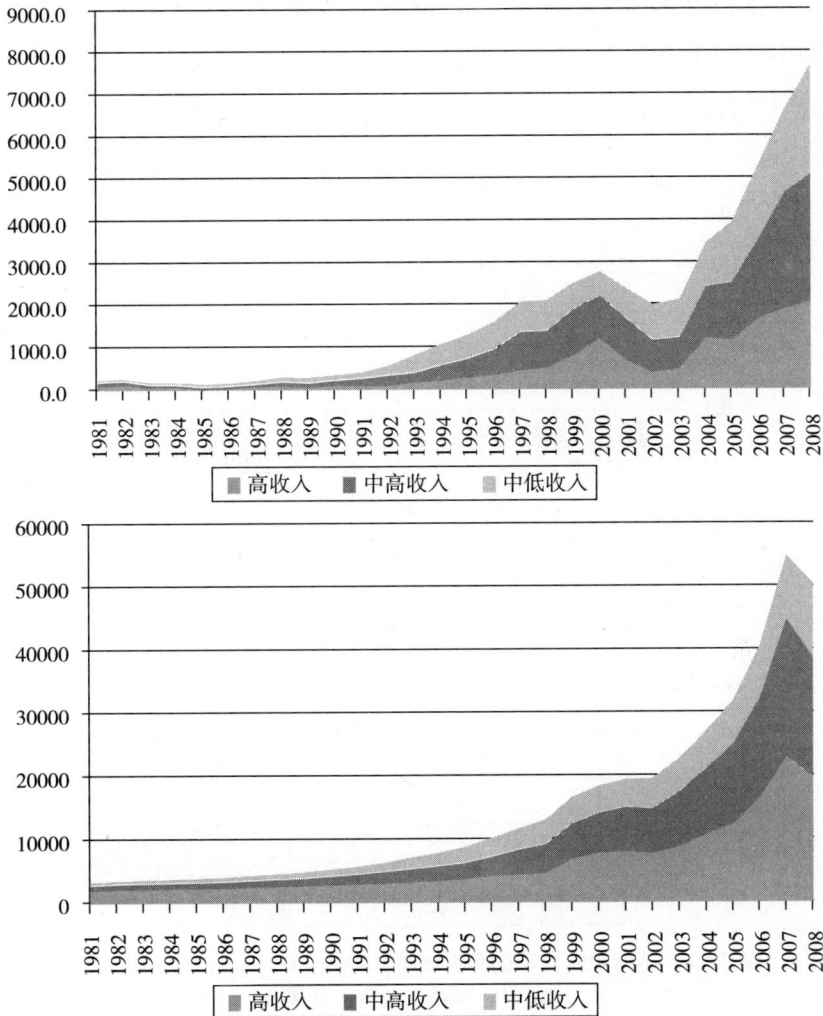

图 5.11　不同收入水平的新兴经济体 FDI 流入

（上图：流量，下图：存量，单位：亿美元）

数据来源：UNCTAD 数据库。

从图 5.12 可以看出，不同收入水平的新兴经济体在全球 FDI 流入中的重要性。从流量看，自 20 世纪 90 年代以来，中高收入和中低收入新兴经济体的 FDI 流入已超过高收入新兴经济体；但从存量看，高收入新兴经济体的占比从 80 年代初占全球的 27% 下降到 2008 年的 13.2%，同期，中高收入新兴经济体和中低收入新兴经济体的占比有所提升，分别从 10.3% 和 4.9% 提高到 12.7% 和 8%。

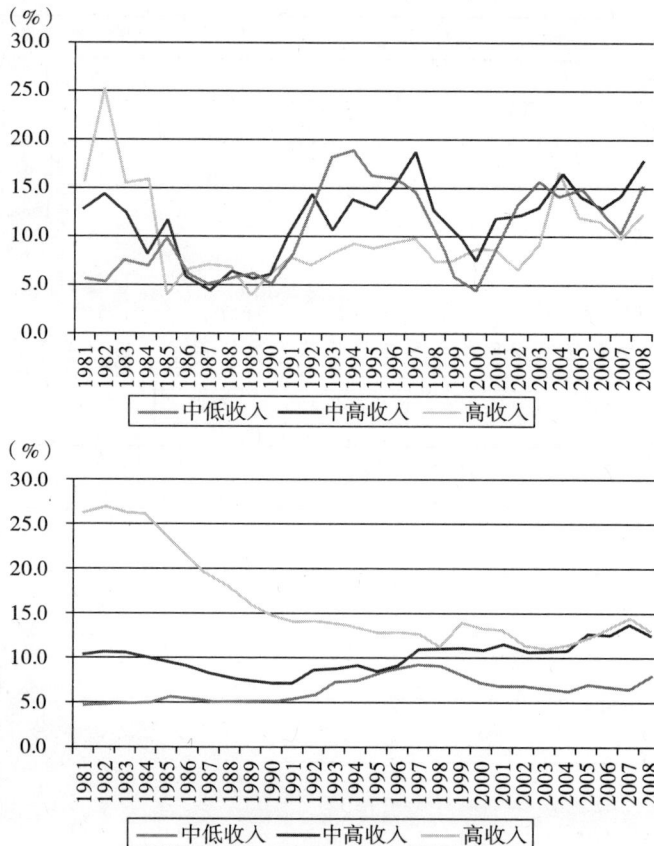

图 5.12　不同收入水平的新兴经济体吸收 FDI 流入占全球的比重
（上图：流量，下图：存量）

数据来源：UNCTAD 数据库。

　　如果按照新兴经济体的地域划分，从图 5.13 可以看出，东亚和太平洋地区始终是国际跨境投资的重要目的地，在新兴经济体吸收 FDI 流入中的比重从 20 世纪 80 年代初的 26.9% 快速提升至 1990 年的 63%，其后逐步下降至 2008 年的 30.9%。这一地区在新兴经济体吸引外资中长期一枝独秀的主要原因是：亚洲贸易和投资开放度较高，对教育和人才的培养较为重视，商业环境竞争力提升较快，通过参与国际化生产和分工已经形式区域生产网络和生产链关系等。

在投资自由化的推动下，其他地区的新兴经济体也成为吸引外资的重要地区。其中，拉美新兴经济体曾是 20 世纪 80 年代吸收 FDI 流入十分活跃的地区，在新兴经济体 FDI 流入中的占比一度达 44.3%，新世纪以来虽然吸收外国直接投资仍逐年上升，但增速明显低于其他地区，2008 年占比降至 18.3%。相比而言，东欧和中亚地区吸收国际跨境投资日益活跃，FDI 流入大幅攀升，占新兴经济体 FDI 流入的比重从 90 年代初的不足 10% 提高到 2008 年的 24.9%。

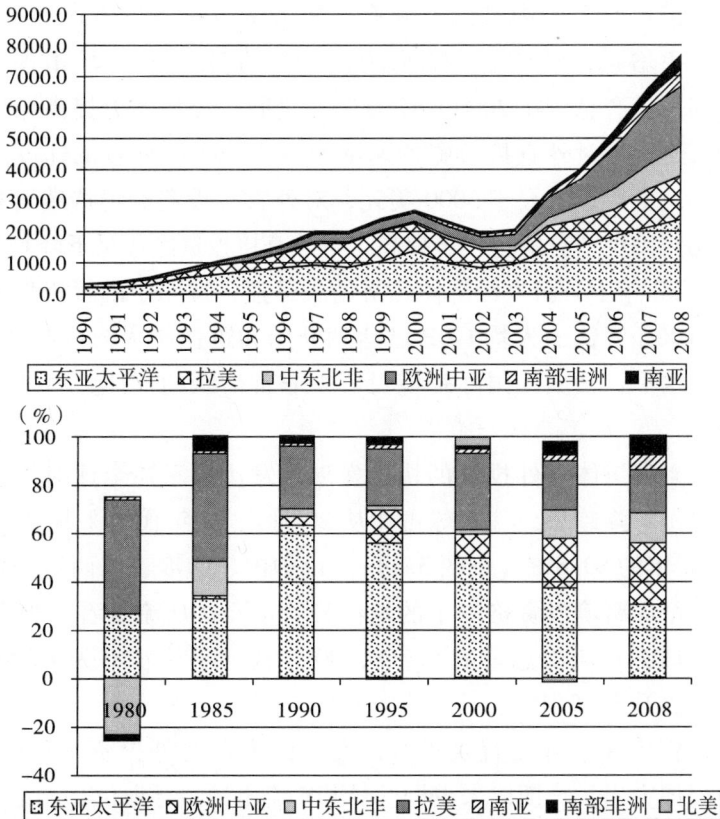

图 5.13　不同区域新兴经济体的 FDI 流入趋势及占比（单位：亿美元）
数据来源：UNCTAD 数据库。

（2）新兴经济体的海外投资

随着全球化的不断推进，对外投资已经成为国家和企业战略中日益重要的组成部分。基于对发达国家海外直接投资实证研究，传统对外直接投资理论强调跨国公司对外投资的前提条件是具备所有权优势。20世纪80年代约翰·邓宁（John Dunning）基于生产折衷理论提出的"投资发展路径理论"，试图从动态角度解释一国的经济发展水平与国际直接投资之间的关系，且被广泛用于分析研究发展中国家对外投资的潜力和发展路径。

按人均国民生产总值，该理论界定了五个经济发展和投资阶段。第一阶段，人均国民生产总值在400美元以下，国家经济发展落后，完全没有对外直接投资。第二阶段，人均国民生产总值在400～2000美元之间。由于经济发展水平的提高、国内基础设施有了较大的改进，投资环境得到改善，对外资吸引力增强，FDI流入有所增加，对外直接投资开始出现。第三阶段，人均国民生产总值在2000～4750美元之间，经济实力提高导致对外直接投资增长迅速，对外直接投资的速度明显快于吸收外资的速度。第四阶段，人均国民生产总值大于5000美元，对外直接投资额仍持续增长。第五阶段，人均国民生产总值进一步提高，对外直接投资净额呈下降趋势。

在过去30年中，新兴经济体经济增长迅速，按邓宁的投资发展阶段理论，不少新兴经济体的人均GDP已达到开始和迅速扩大海外投资的第二、第三阶段的水平，已成为国际跨境投资中非常活跃的群体，海外投资增长引人瞩目。

随着新兴经济体对外投资的快速发展，发达国家在全球对外投资中的重要性呈缓慢下降趋势，其全球占比从20世纪80年代的平均92.5%已逐步降至2008年的80.6%（见图5.14）。以中国、印度、巴西等为代表的新兴经济体在全球跨境投资格局中的地位日益重要，从流量看，80年代新兴经济体占全球FDI流出总量的5.7%，90年代的平均水平为12.5%，2008年所占份额提升至19.4%。

当然，相比吸收外国直接投资，发达国家在对外投资（FDI Outflow）中的地位更加突出，长期以来占据世界FDI流出的主导地位。无论从流量还是存量看，无论是在全球跨境投资的高峰还是低谷，发达国家都是全球跨境投资最重要的资金来源。

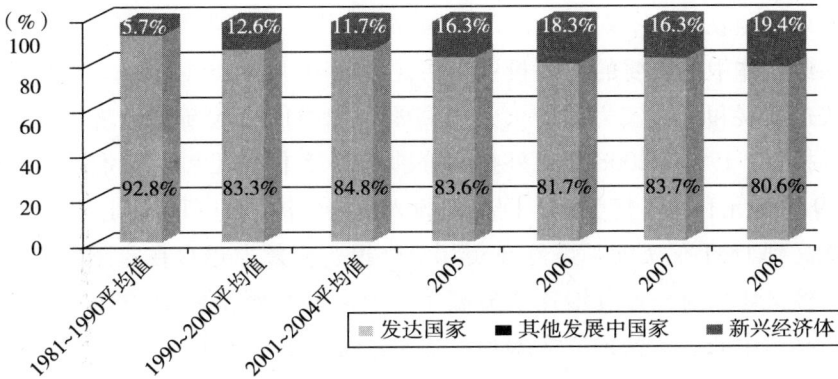

图 5.14　全球外向 FDI 流量的构成及发展趋势

数据来源：UNCTAD 数据库。

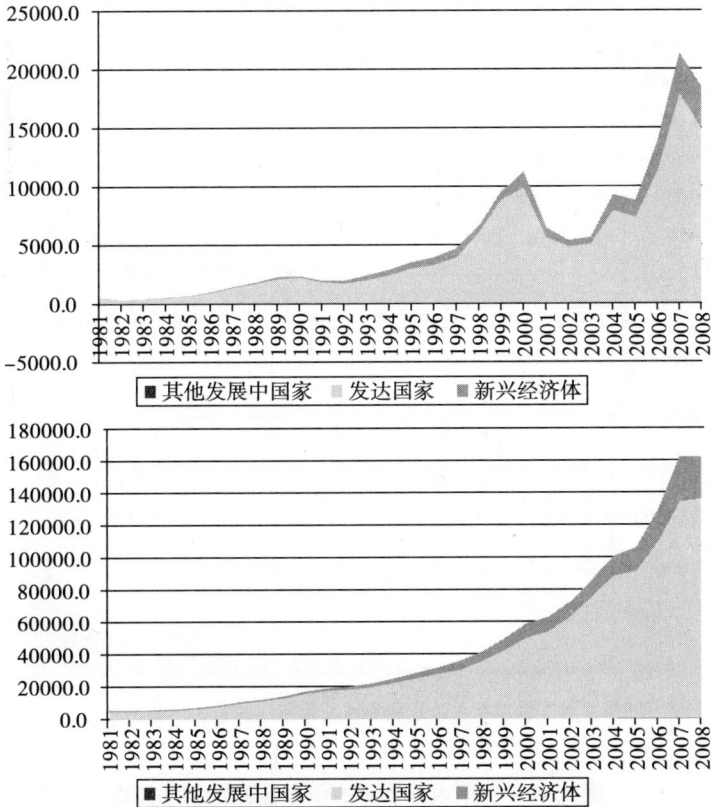

图 5.15　全球 FDI 流出的发展趋势（上图：流量，下图：存量，单位：亿美元）

数据来源：UNCTAD 数据库。

如果按照收入水平划分，自 20 世纪 80 年代以来高收入新兴经济体一直是新兴经济体中最重要的对外投资来源。图 5.16 显示，由于进入新世纪后经济快速发展和资金实力的壮大，中高收入和中低收入新兴经济体逐步扩大对外投资，1990～2008 年对外投资分别从 23.5 亿美元和 14.5 亿美元增加至 1189 亿美元和 867 亿美元，同期高收入新兴经济体的 FDI 流出从 81.5 亿美元提高到 1541 亿美元。虽然在实际对外投资金额上仍存在差距，但后两类新兴经济体的对外投资增速明显高于高收入新兴经济体（1981～2008 年高、中高、中低三类新兴经济体 FDI 流入分别提高 17.9 倍、49.6 倍和 58.8 倍）。从海外投资存量看，不同收入水平经济体之间的差距仍相当明显。

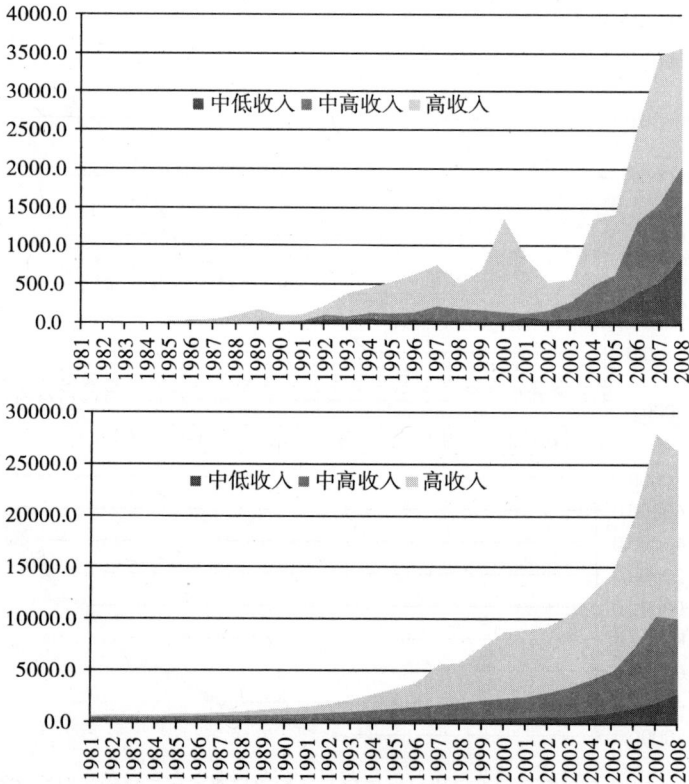

图 5.16　不同收入水平的新兴经济体 FDI 流出

（上图：流量，下图：存量，单位：亿美元）

数据来源：UNCTAD 数据库。

在全球 FDI 流出中，不同收入水平新兴经济体的重要性也有较大变化。从流量看，高收入新兴经济体的对外投资金额一直大大高于中高收入和中低收入经济体（见图 5.17）；但从存量看，20 世纪 80 年代高收入新兴经济体的占比逐步上升，自 1990 年开始不仅超过其他两类新兴经济体，而且占全球 FDI 流出的比重从 4% 迅速提升到 2008 年的 10%，同期，中高收入新兴经济体的占比自 1980 年逐年下降后趋于平稳，中低收入新兴经济体的全球占比已稳步提升至 2%。

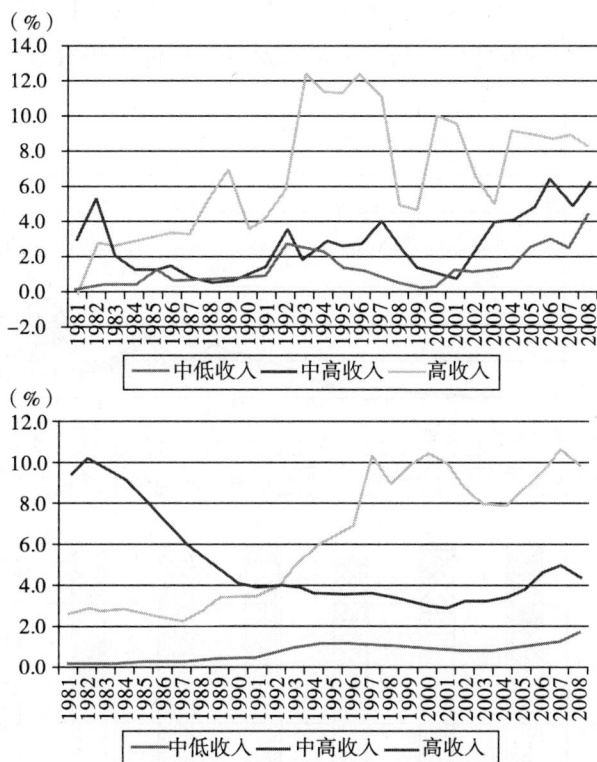

图 5.17　在新兴经济体 FDI 流出中，不同收入水平国家的占比
（上图：流量，下图：存量）

数据来源：UNCTAD 数据库。

如果按照新兴经济体的地域划分，东亚不仅是吸收外国直接投资的重要地区，也是重要的对外投资区域。自 1985 年后的近 20 年中，东亚占新兴经济体海外投资的比重基本保持在 80% 的水平，2005 年后随着其他地区对外投资的逐步活跃，东亚占比回落至 50% 左右（见图 5.18）。拉美和东欧在 20 世纪 80 年代初曾是新兴经济体对外投资的重要地区，但由于各自经历了金融和债务危机，对外投资一度大幅下降，2005 年后逐步恢复，各自在新兴经济体 FDI 流出中的占比约为 20%。近几年，以印度为主的南亚和中东地区的海外投资也日益活跃，但在新兴经济体中的比重仍不足 10%。

从发展趋势和潜力看，发达国家的 FDI 流入与流出之比基本维持在 0.7~0.8 左右，新兴经济体随着海外投资金额快速增长，FDI 流入与流出之比也快速降低，已从 80 年代初的 15∶1 降为近期的 2∶1。随着经济综合实力和人均 GDP 进一步提高，新兴经济体对外投资能力仍有较大提升空间。

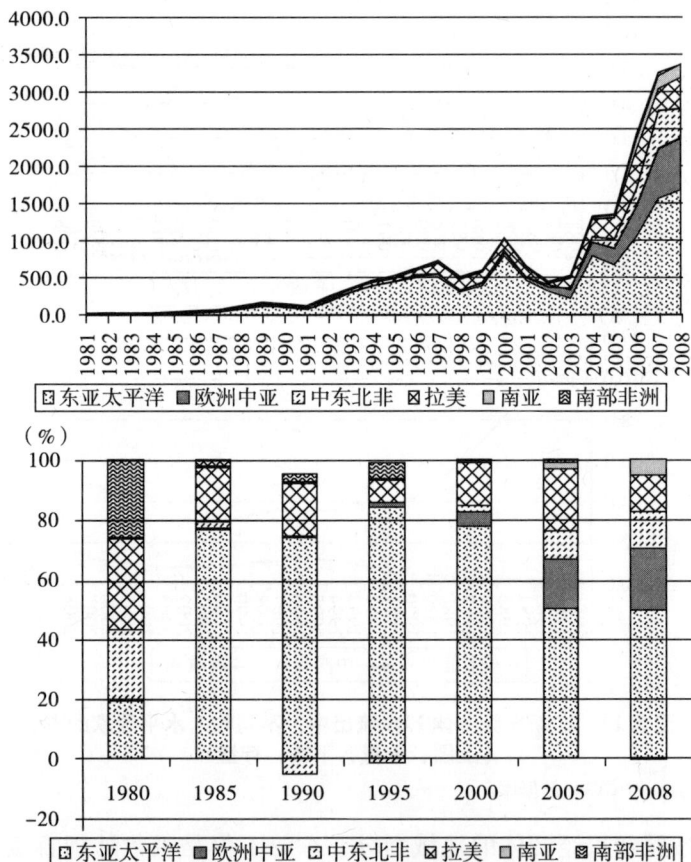

图 5.18　在新兴经济体 FDI 流出中，不同区域国家的发展及占比（单位：亿美元）
数据来源：UNCTAD 数据库。

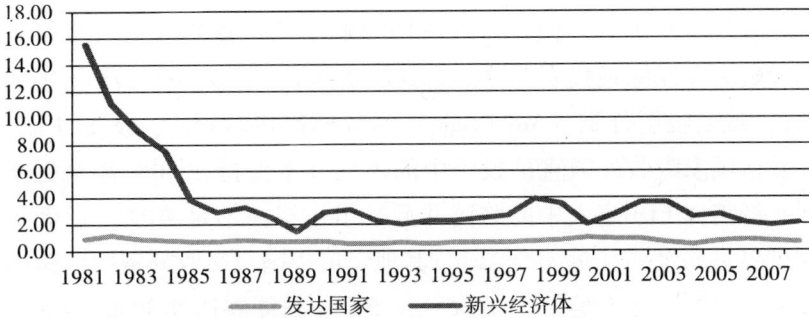

图5.19 发达国家和新兴经济体 FDI 流入与流出比（流量）
数据来源：根据 UNCTAD 数据库数据计算。

（3）新兴经济体在跨国并购中的表现

发达国家是全球跨国并购中绝对的主要投资来源和目的地，近几年新

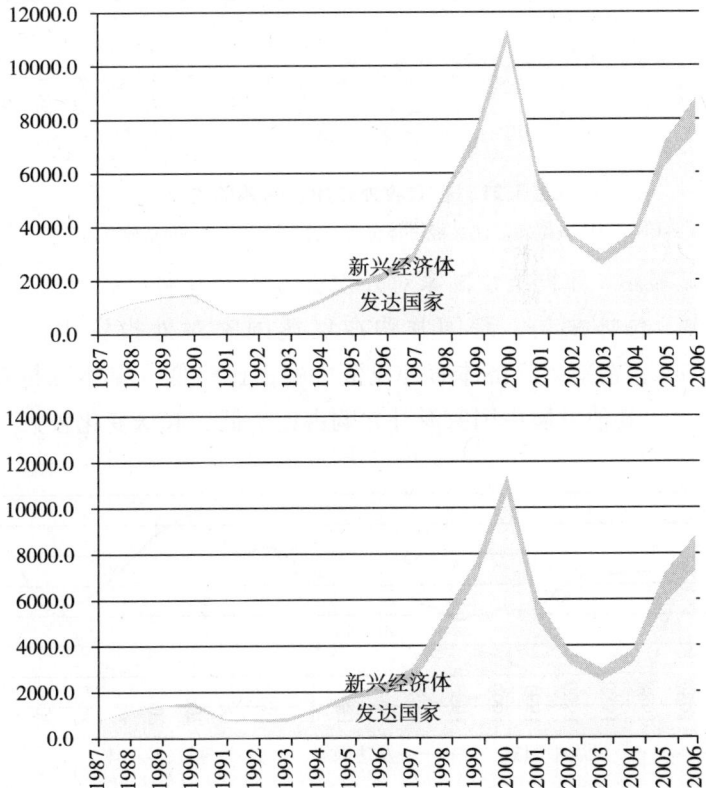

图5.20 全球跨国并购发展趋势（上图：收购，下图：出售，单位：亿美元）
数据来源：UNCTAD 数据库。

兴经济体表现略有提升，但在全球跨国并购中的比重仍较低。新兴经济体的跨国投资大多以绿地投资为主，以跨国并购方式进行的海外投资（M&A purchase）或是吸引外资（M&A sale）的规模都相对较小。从 FDI 流入看，并购在发达国家吸收外国直接投资中的占比基本保持在 80% 甚至更高的水平。新兴经济体 FDI 流入中的跨国并购基本保持在不足 40%，远低于发达国家和世界平均水平（见图 5.21）。其他发展中国家吸收外资中的跨国并购占比较低，仅维持在不足 20% 的水平，个别年份能够达到 30%～40%。

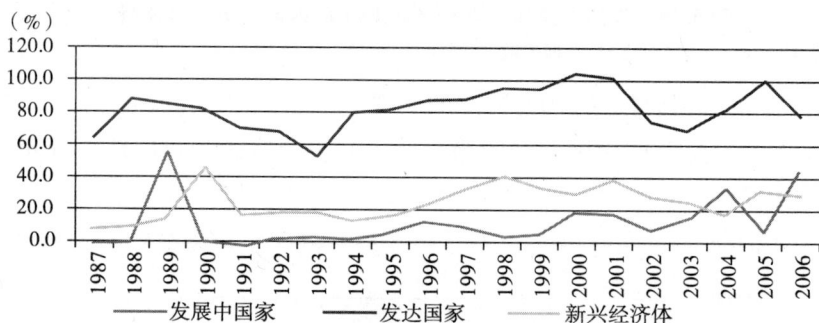

图 5.21　在吸收外资中，并购的占比

数据来源：UNCTAD 数据库。注：经济体分类，依据 UNCTAD 的划分。

图 5.22 显示，不同类型国家对外投资方式的差别相对不大，都处于较大波动当中。总体来讲，跨国并购在发达国家对外投资中的占比较高（40%～80%），在新兴经济体海外投资中的占比略低（基本保持在 40%～60% 的水平），其他发展中国家海外并购占比更低、起伏变化较大。

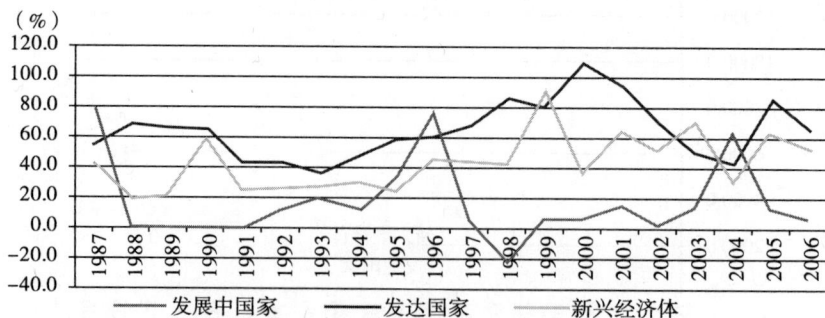

图 5.22　在对外投资中，并购的占比

数据来源：UNCTAD。

在全球跨境投资中，2007 年新兴经济体约占全球绿地投资总额的 48%，但在全球跨国并购中的比重仅为 26%（见表 5.3）。金融危机后，无论是跨国并购还是绿地投资，新兴经济体在全球的重要性都有进一步提升，2009 年在全球绿地投资中的比重已升至 54%，在跨国并购中的占比升至 31%。根据毕马威最新研究报告显示，2010 年上半年，发达经济体对新兴经济体的跨境并购活动增加到 748 宗，同比增加 24.3%，较 2009 年下半年增长仅 9%。同期，新兴经济体企业对发达经济体的跨境并购活动为 243 起，同比增加 19.1%，比 2009 年下半年则上升了 25%，增速明显高于发达国家。

表 5.3　　　　　不同经济体跨国并购和绿地投资占比（%）

	跨国并购		绿地投资	
	2007	2009	2007	2009
发达国家	74	69	52	46
欧盟	39	32	39	30
美国	18	17	7	9
日本	2	2	1	1
发展中和转型国家	26	31	48	54
亚洲	14	17	32	34
转型经济体	4	8	6	6
拉美	6	5	7	9
非洲	2	1	3	5

数据来源：UNCTAD 跨境投资数据库。

如果按照收入水平划分，高收入国家是新兴经济体中跨国投资并购的主力，一直是新兴经济体中以跨国并购方式进行海外投资的重要力量。自 20 世纪 90 年代中期以来，中高收入新兴经济体的跨国并购，尤其是在吸引外资方面（即并购出售）更为突出，以并购方式吸引外资的规模大大高于另两类新兴经济体。对中低收入新兴经济体而言，并购无论是开展海外收购还是在吸引外资对国内企业的收购上都表现平平，直到近几年才有了较大提高。

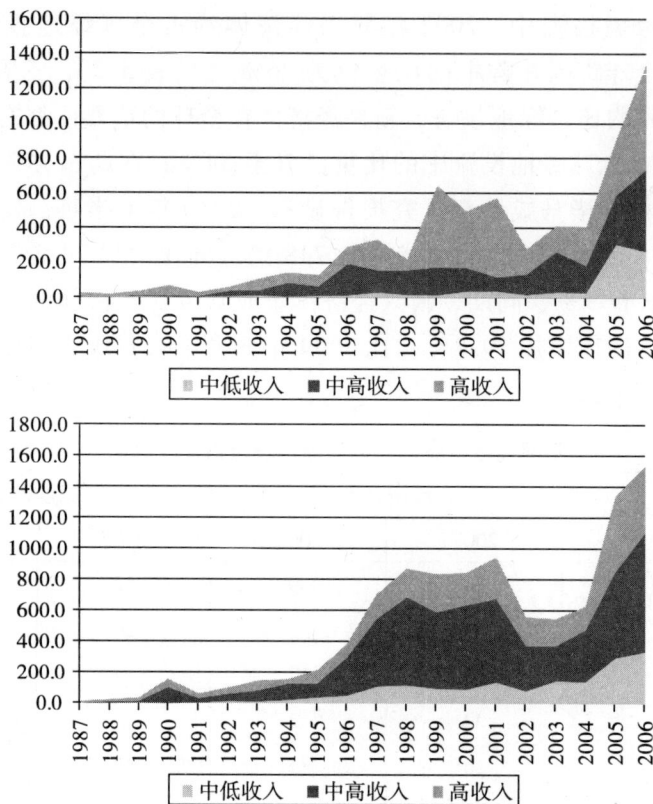

图 5.23　不同收入水平新兴经济体的跨国并购

（上图：收购，下图：出售，单位：亿美元）

数据来源：UNCTAD 数据库。

二、中国与新兴经济体的相互投资

1. 中国吸引外资的基本状况

（1）吸收外国直接投资持续、快速增长

在经济快速发展、配套生产能力日益完善、市场规模不断扩大、劳动力等要素成本相对较低等条件下，中国一直受到国外投资者的青睐，吸收直接投资持续、快速增长（见图 5.24），在全球的重要性不断上升。1990～2008 年，中国 FDI 流入存量增加了 17.3 倍，大大超过全球外国直接投资存量 6.7 倍的增幅，2008 年实际使用外资达到 923.95 亿美元。自 1993 年以来，中国已连续多年成为吸引外商直接投资最多的发展中国家。对华外国直接投资，以新增生产能力和原有生产能力的升级、扩大为主，充分发挥了中国的比较优势，使中国成为了全球生产和供应链的重要环节，多项产品出口位居世界前列。

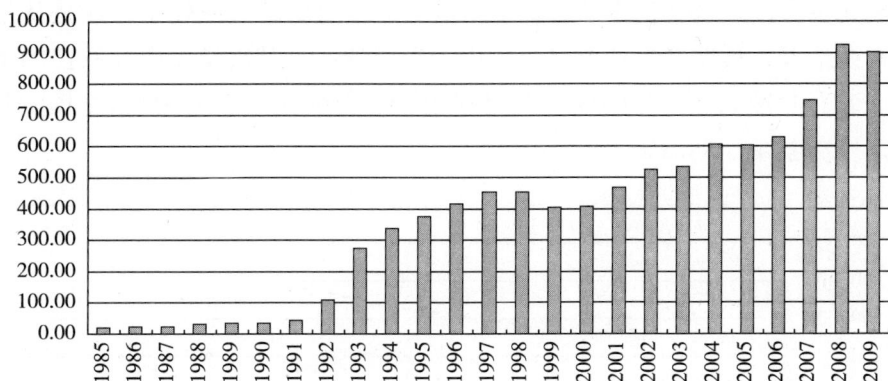

图 5.24　1985～2009 年流入中国的外商直接投资额（单位：亿美元）
资料来源：国家统计局。

金融危机爆发后，跨国公司全球化速度出现明显下降。中国吸引外国直接投资也受到影响，据中国商务部统计，2009 年中国吸引外资金额为 900 亿美元，出现了自亚洲金融危机以来的首次下降，降幅为 2.6%。但总体来讲，中国吸引外资形势好于全球和其他新兴经济体，FDI 流入的世界排名已从 2007 年的第 6 位迅速提升至 2009 年的全球第 2 位，仅次于美国。

（2）吸引外资不均衡格局明显

我国吸引国际直接投资面临四个方面的不均衡。一是产业分布不均衡，外商投资集中于制造业[①]，且电信、机械设备、化学、汽车、纺织服装、非金属矿物等行业实际吸收外资占制造业吸收外资总额的 65% 左右。二是地区分布不均衡，尽管随着西部大开发和中部崛起等战略的推进和相关政策的落实，近两年中西部地区吸引外资的增速明显提高，已超过东北

---

①　对华外国直接投资中，服务业投资不足 50%，远低于发达国家水平。

地区的增长幅度，如 2008 年中部和西部吸引外资分别增长 15.4% 和 35.9%，东部吸引外资增幅仅为 8.6%。但是，东部地区占中国外资存量和增量的比重长期都在 85% 左右，中西部合计仅为 15%。三是投资方式不均衡，绿地投资是外商投资的主要方式，以并购方式吸收的外资占比很低，在 2008 年中国新增非金融类外商直接投资中仅占 2.25%，且 1000 万美元以下的并购案例占总量的 84.63%，并购规模普遍较小。四是从投资来源地看，长期以来外资过于集中于东亚地区，其次是美国和欧盟的主要国家（见图 5.25）。2009 年，对华投资前十位国家和地区①占全国实际使用外资金额的 88.3%。

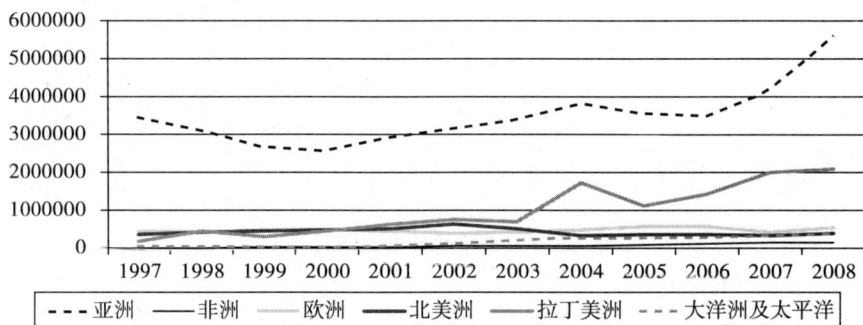

图 5.25　1985～2009 年流入中国的外商直接投资额（单位：万美元）

数据来源：DRC 数据库。

具体我国吸引外资的主要来源，第一梯队为美国、欧盟和日本，年均对华投资在 30 亿～50 亿美元（见图 5.26）；第二梯队为中国香港、韩国、中国台湾、新加坡等东亚新兴工业化经济体，对华投资基本保持在每年 20 亿～30 亿美元的水平②。其他新兴经济体对华投资近年来呈总体上升趋势，印度、巴西、俄罗斯等对华投资较 10 年前都有大幅提高，但规模仍普遍较小，基本在不足 1 亿美元的水平。

———————————

①　前十位国家/地区（以实际投入外资金额计）依次为：香港、台湾省、日本、新加坡、美国、韩国、英国、德国、澳门和加拿大。

②　2004 和 2005 年，韩国对华投资曾有大幅提升，年投资额高达 60 亿美元，在我国 FDI 来源地中居第三位。

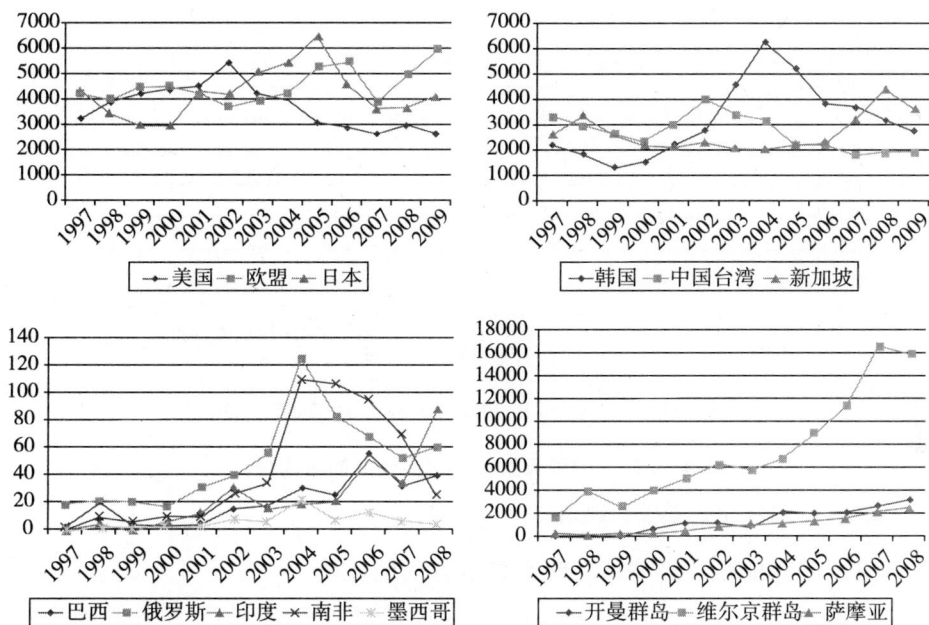

图5.26　主要经济体对华投资（单位：百万美元）

数据来源：DRC数据库。

　　值得一提的是，避税天堂在我国吸收外国直接投资中发挥着重要作用。一是年均对华投资规模大，如来自维尔京群岛的对华投资远高于其他主要经济体（见图5.26），二是近年来增幅显著提高。从图5.25可以看出，拉美近年来对华投资大幅提升，已超过北美和欧洲成为我国第二大投资来源地区。但仔细分析可以看出，在拉美对华投资中，开曼和维尔京群岛占据极为重要的地位，近10年来基本占拉美对华投资的90%以上（图5.27），除去这两个避税天堂，拉美对华投资则仍停留在较低水平。大洋洲的情况也是如此，在对华投资增长中，萨摩亚占据了重要份额。因此，如果在统计分析时不考虑避税天堂的因素，有可能夸大拉美和大洋洲等新兴经济体对华投资的增长。

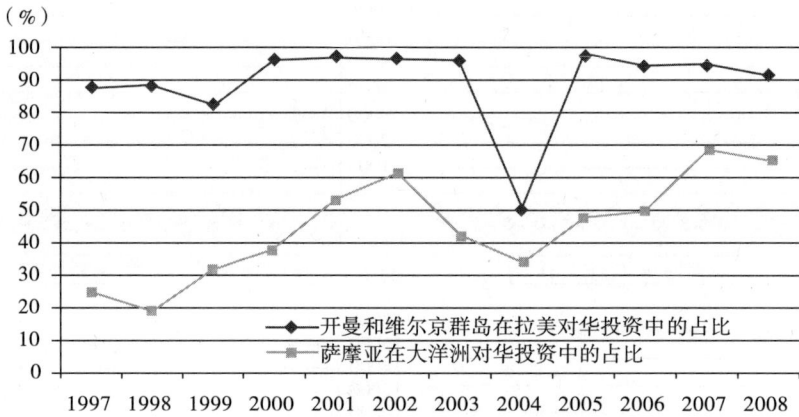

图 5.27　避税天堂在对华投资中的重要性

数据来源：根据 DRC 数据库数据计算。

（3）与其他新兴经济体在吸引外资方面的比较

自 20 世纪 90 年代初以来，中国一直是对外资最具吸引力的国家之一，已连续 18 年成为发展中国家吸收外资最多的国家。但是，由于其他新兴经济体近年来实行开放政策和更加优惠的引资政策，FDI 流入规模和增速高于中国，所以中国在全球和新兴经济体 FDI 流入中的比重不增反降（见图 5.28）。

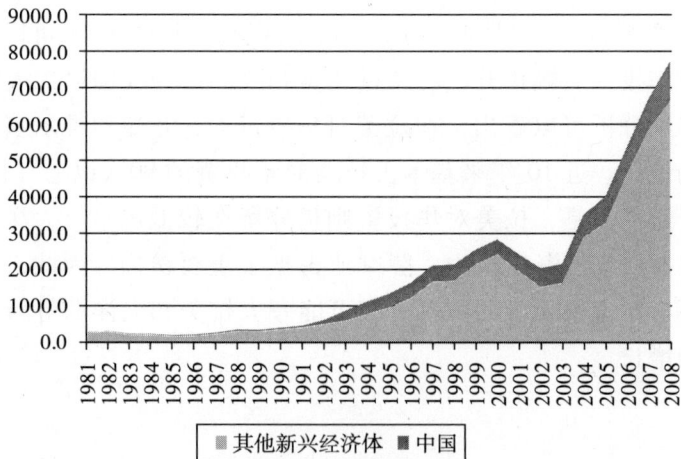

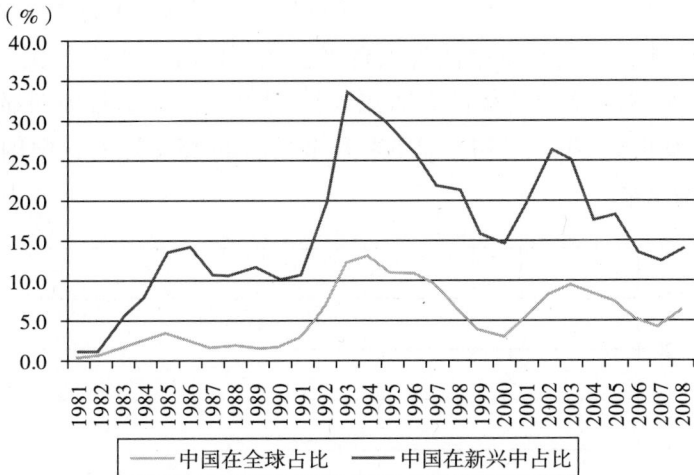

图 5.28 中国 FDI 流入及在全球和新兴经济体中的地位（单位：亿美元）

资料来源：根据联合国贸发会议统计数据（UNCTAD）计算。

前面一节已经分析，绿地投资是外商对华投资的主要方式，以并购方式进行的对华投资所占比重不足 10%。图 5.29 显示，这一水平不仅远低于发达国家（约 80%），与其他新兴经济体相比（30% 左右）也有一定差距。

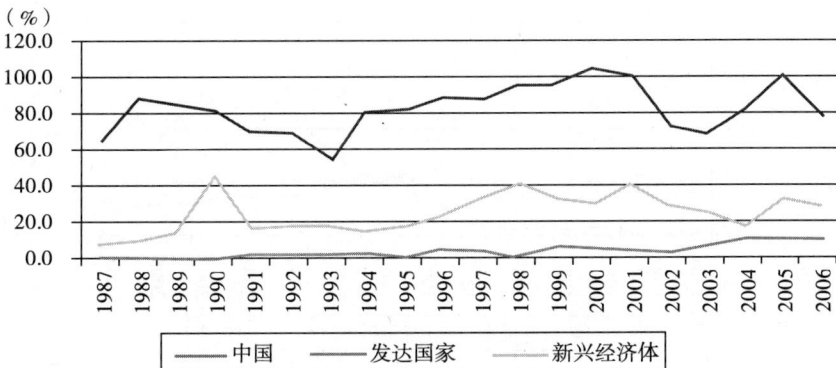

图 5.29 在吸收外资中，并购的占比

注：本图中新兴经济体分类，依据联合国贸发会议的分类。

资料来源：根据联合国贸发会议统计数据（UNCTAD）计算。

从 FDI 流入占固定资产投资中的比重看，中国远低于高收入和中高收入的新兴经济体，甚至不及中低收入新兴经济体的普遍水平（图 5.30）；此外，亚洲和美洲新兴经济体的 FDI 流入与 GDP 之比均呈较为明显的上升趋势，已从 20 世纪 80 年代初不足 5% 升至当前的 15% 左右，中国则保持在 3% ~4% 的水平。

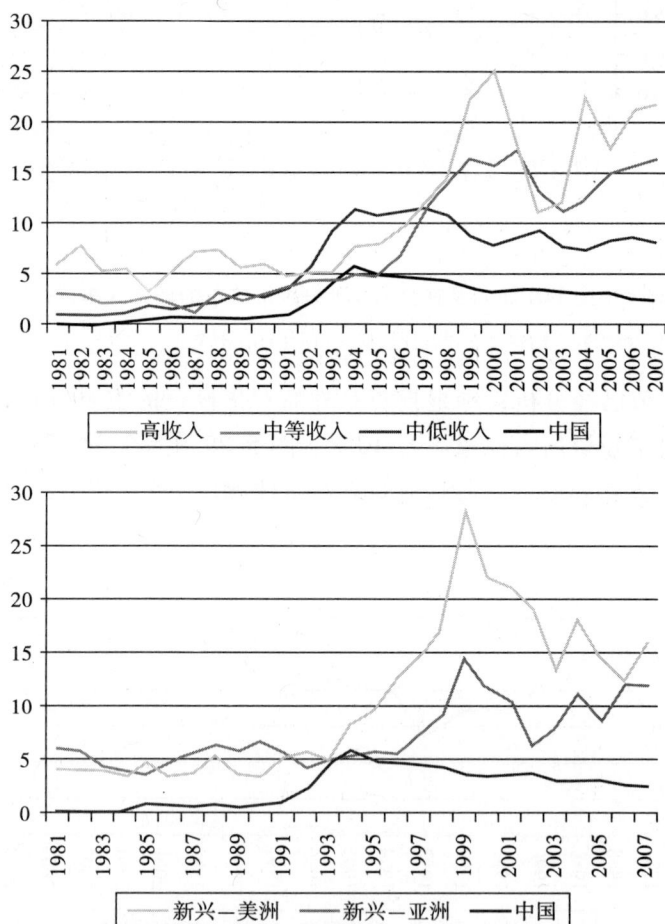

图 5.30　不同收入水平和区域的新兴经济体，FDI 流入与固定资产投资之比（%）

资料来源：根据联合国贸发会议统计数据（UNCTAD）计算。

2. 中国的对外投资

（1）正在崛起的对外投资大国

"走出去"是中国对外开放战略中一个日益重要的组成部分。自 2005 年来，中国对外直接投资出现持续的高速增长，投资规模不断创出新高。2005～2008 年对外直接投资流量合计 1080 亿美元，相当于 1982～2004 年对外投资总额的 2.37 倍（见图 5.31）。据贸发会议《世界投资报告》，中国在全球对外投资国中的排名从 2006 年的第 17 位提升至 2008 年的第 13 位。

中国对外投资受国际市场波动影响较大，1998 年亚洲金融危机、2000 年 IT 泡沫破裂都曾经造成 FDI 流出明显下降。此次金融危机导致全球经济衰退，使部分企业海外资产受损，投资环境的不确定性和市场风险加大。2009 年上半年中国对外直接投资比上年同期下降 60%，与 2008 年 111% 的同比增幅形成巨大反差。随着全球经济的企稳，下半年中国对外投资快速反弹。据商务部统计，2009 年非金融类对外投资流量达到 433 亿美元，比 2008 年增长 6.5%。从存量讲，截至 2009 年底，中国累计对外投资已超过 2200 亿美元（见图 5.32），在全球对外直接投资存量中的份额有所上升，排名迅速升至第 6 位，中国崛起为全球重要的资本输出国的势头有增强的趋势。

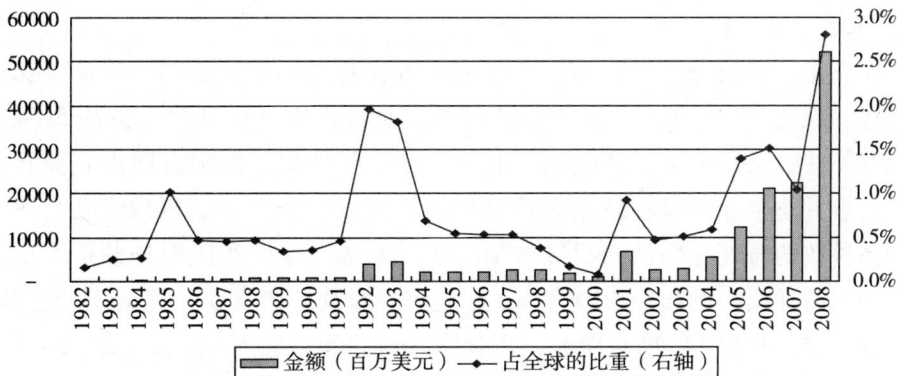

图 5.31　中国对外直接投资流量（1982～2008）

数据来源：UNCTAD 数据库。

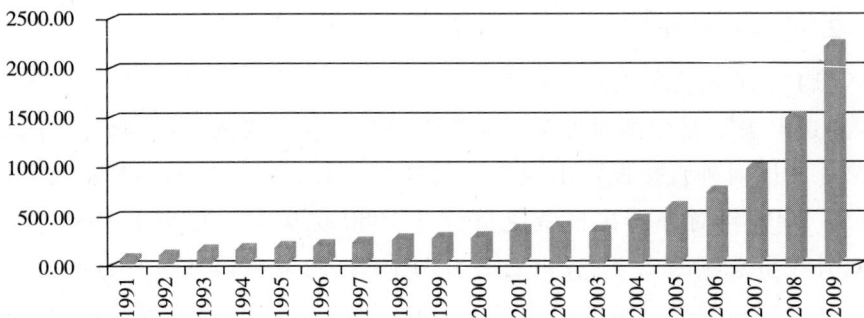

图 5.32　中国对外直接投资存量（2002～2009 年，亿美元）

资料来源：中国商务部。

（2）中国对外直接投资正在发生重要变化

在规模扩张的同时，中国对外投资的主体、方式、领域和目的地均趋于多元化。一是境外投资主体多元化。有限责任公司占境内投资者的比重在 2008 年升至 50.2%，私营企业占比也提高到 9.4%，这些企业融资能力较强、决策机制灵活，通过境外投资优化资产结构、提高盈利水平的意愿更为强烈。

二是并购（M&A）方式的占比提高。2005 年以来中国对外并购金额每年都超过 50 亿美元，2006 年和 2008 年并购占对外投资流量的比重分别高达 70% 和 58%[①]（见图 5.33），危机后中国企业海外并购快速发展，增幅进一步加大。

三是投资领域不断扩展。近年来中国在批发零售、金融、采矿、交通运输、制造业、房地产等多个行业的对外直接投资增长迅猛（见图 5.34）。在海外并购交易中，矿产能源行业仍占据主导地位，但随着国内企业日益关注被并购企业的核心技术以提升国际化经营的竞争力，机械设备、汽车和高科技的海外并购活动明显增加，矿产能源行业在我国海外并购中所占比例有所降低。例如，2010 年 1～6 月在能源及矿产行业共完成 11 起并购交易，涉及金额 54.98 亿美元，占我国海外并购总额的 82.3%，比 2009 年

---

① 据英国皇家国际问题研究所最近发布的一份研究报告称，中国企业在欧洲的收购目标主要有三类企业：一是业绩不佳或出现财务困难的，二是在特定细分市场具有较强竞争力的，三是从前的合作伙伴、分包商或供应商。

高达 97.3% 的占比明显下降。

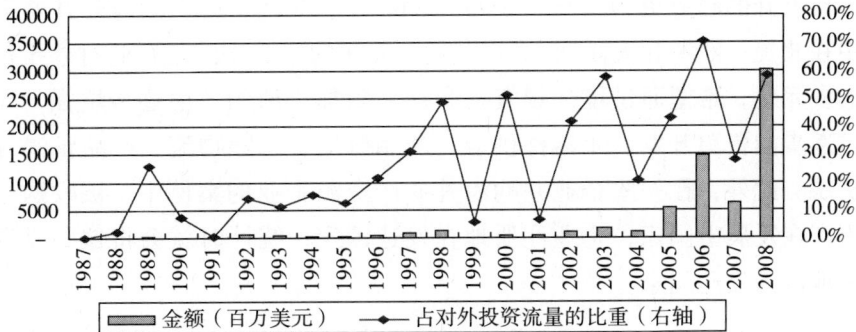

图 5.33 中国对外直接投资中的并购方式

数据来源：UNCTAD 数据库；《中国对外直接投资统计公报》。

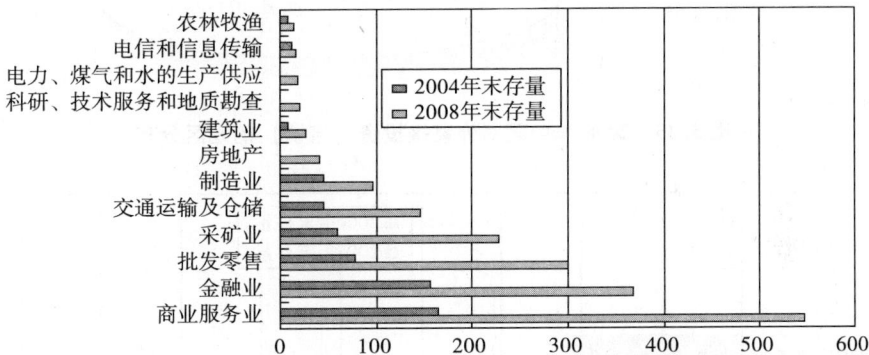

图 5.34 中国对外直接投资的行业分布变化（单位：亿美元）

注：金融业为 2006 年末存量和 2008 年末存量。

资料来源：《中国对外直接投资统计公报》，2004~2008 年度。

四是对外投资的地域分布出现变化。亚洲一直是中国对外投资最为集中的地区，2008 年约占我国 FDI 流出的 77.9%，非洲占比为 9.8%，但对华投资增幅最大达 249%，拉美占比为 6.6%，其次是大洋洲、欧洲和北美。

从投资目的地的经济发展水平看，发展中国家仍是中国对外投资主要目的地，但发达国家的比重逐步上升。图 5.35 显示，2004~2008 年，中国对非经合组织（OECD）国家直接投资存量增长 1067 亿美元，增幅为 2.1 倍，同期，对 OECD 国家的直接投资存量从 26 亿美元增至 120 亿美元，虽然仅增加了94亿美元,但增幅达3.6倍。此外,发达国家在我国海外并购中占比上升的趋势更为明显,2000~2008年,36.6%的中国海外并购额都集中在北美、欧洲和大洋洲①。出现这一变化的主要原因是企业对外投资动机的多元化,希望通过境外投资提高产品附加价值的意愿逐步增强,投资领域逐步向资源开发、元器件供应、产品研发、国际物流、产品营销等环节扩展。此外,在一些企业并购海外矿产资源企业的案例中,被收购企业的资产在发展中国家,企业注册地在发达国家,统计时就会将这些投资的目的地定为发达国家。

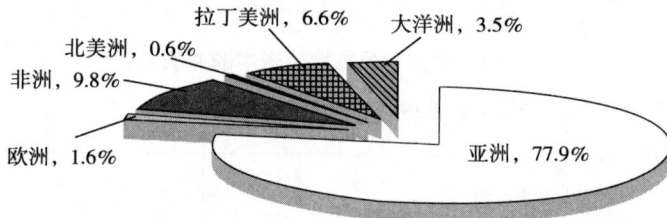

图5.35　2008年中国对外直接投资(流量)的地区分布

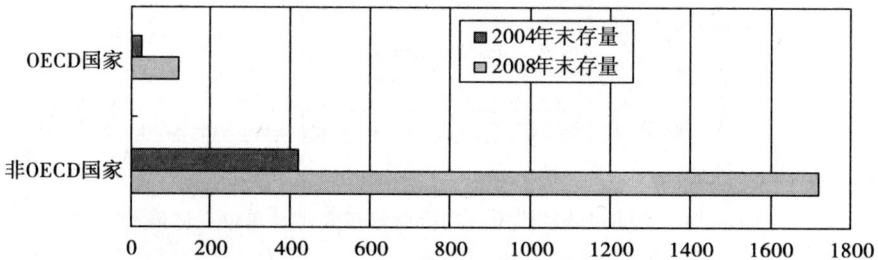

图5.36　中国对外直接投资区域分布变化(单位:亿美元)

资料来源:《中国对外直接投资统计公报》,2004~2008年度。

五是对外投资动机日益多元化。我国企业海外投资,除了以获得稳定的资源和原材料供应的资源型投资和在贸易、金融等领域的生产型服务业投资外,还有制造业投资,且投资目标日益多元化。第一,开拓国际市场。这主要是国内一些生产规模大、劳动密集程度高、市场竞争激烈的企业,

---

① Daniel H. Rosen and Thilo Hanemann (2009)。

通过对外投资拓展国际市场，如为贴近欧盟和北美市场而在东欧和墨西哥投资建厂，既可减少运输成本，也可利用区域贸易安排获得进入市场的便利或优惠政策。此外，还有一些是通过并购欧、美同类企业获得品牌或已有的国际销售渠道，以增加产品知名度、建立营销网络。第二，寻求技术资源。在IT、机械、汽车、化工等行业，我国企业生产加工能力较强，但研发能力相对较弱，海外投资的主要目标是获取技术、信息和研发能力，以促进国内制造企业的技术升级，进一步提升国际竞争力。第三，寻求低成本制造基地。随着我国劳动力、土地等要素成本的快速上升，一些劳动密集型行业已经出现了企业向制造成本更低的国家转移的现象。第四，规避贸易壁垒。新兴经济体出口规模、国际市场份额迅速提高，贸易摩擦成为对外经济关系中长期面临的突出问题。为此，一些新兴经济体企业，选择在与发达市场临近、有着特殊贸易安排的国家或是可享受普惠制的国家投资建厂，以此作为顺利进入发达国家市场的跳板。

（3）与其他新兴经济体在海外投资上的比较

①中国海外投资的重要性逐步提升。改革开放以来，中国海外投资一直处于较低的水平，20世纪90年代由于其他新兴经济体海外投资能力逐步增强，中国在全球和其他新兴经济体对外投资中的比重曾出现较大幅度下降。新世纪以来，随着中国对外投资的迅猛扩大，在全球对外投资中的重要性持续提升。尤其是金融危机后，相比其他经济体对外投资的大幅下降，中国海外投资降幅最小，在全球FDI流出中的重要性进一步提升（见图5.37）。

②中国海外并购增长更为迅猛。在新兴经济体对外投资中，并购方式的占比呈稳步上升态势。与之相比，中国采用并购方式进行的海外投资比重略低，但近年来出现较为显著的上升趋势，已逐步接近其他新兴经济体的水平（见图5.38）。金融危机后，中国国内金融市场稳定、流动性充裕，而国外许多企业陷入经营困境、市场估值大幅缩水，为中国企业海外并购提供了机遇。在这一趋势下，中国以并购方式进行的海外投资大幅增加，在全球和新兴经济体海外并购中的重要性明显上升（见图5.39）。据联合国跨国并购数据库的数据，2009年上半年中国海外并购净值达30亿美元，远高于2008年的3.1亿美元，占同期发展中国家海外并购总量的40%。

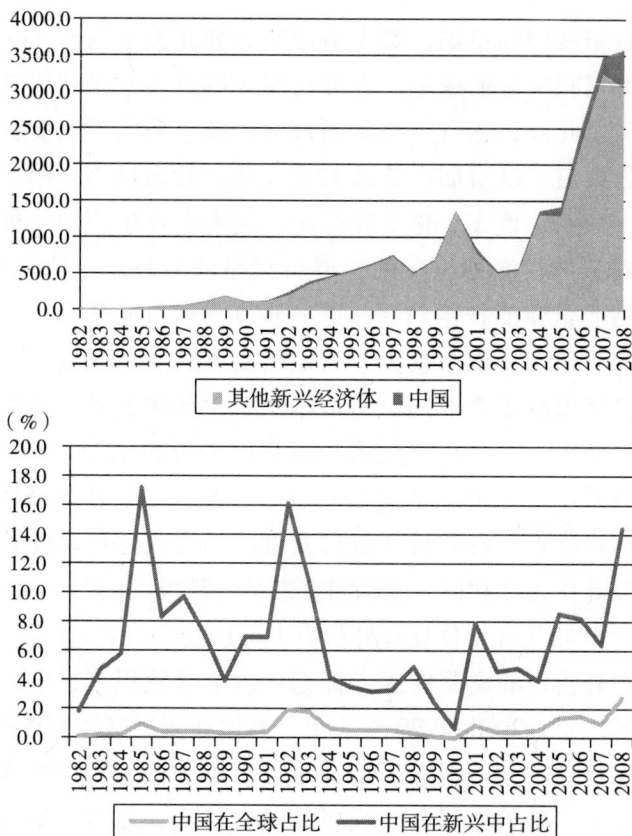

图5.37　中国 FDI 流出及在全球和新兴经济体中的地位（单位：亿美元）

数据来源：UNCTAD 数据库。

图5.38　在对外投资中，并购方式的占比

注：本图中新兴经济体分类，依据联合国贸发会议的分类。

数据来源：UNCTAD 数据库。

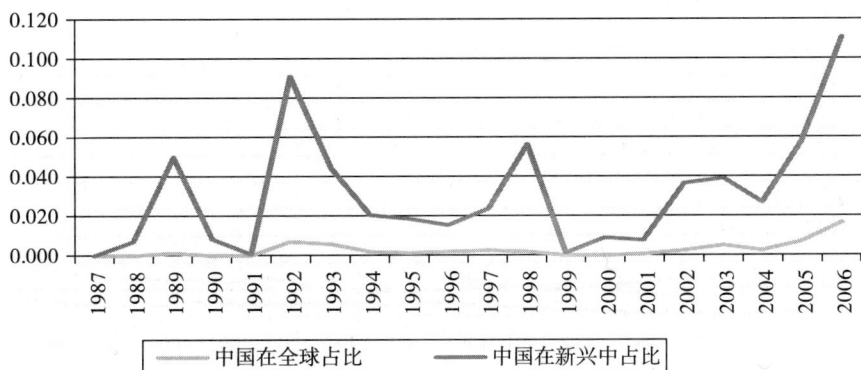

图 5.39　在全球和新兴经济体海外投资并购中，中国的占比变化

数据来源：UNCTAD 数据库。

③中国海外投资增长潜力更大。如果从 FDI 流出存量占 GDP 比重来看，2008 年发达国家对外直接投资存量与当年 GDP 之比的平均水平为 32.8%，高收入新兴经济体也高于 30%，而中国仅为 3.4%，即使与中高收入新兴经济体近 10% 的占比仍有差距，仅与中低收入新兴经济体的水平相当（图 5.40）。2009 年美国商务部国际贸易署发布的一份研究报告预计①，中国对美国的直接投资在未来会大幅度增长，其主要理由就是一国的经济规模与其对外投资规模之间存在明显的对应关系。例如，美国是全球第一大经济体和直接投资来源地，对外投资存量占全球的 15.3%；德国是全球第四大经济体、也是第四大直接投资来源地，对外投资存量占全球的 4.7%。中国即将成为全球第二大经济体，虽然对外投资近年来进展巨大，但截至 2008 年，中国对外投资存量占全球的比重仅为 0.9%，远低于发达国家的水平②，未来中国对外投资进一步增长仍有较大空间，而新兴经济体是一个重要的开拓方向。

---

① "Asia – Pacific Foreign Direct Investment in the United States", August 2009, International Trade Administration of the U. S. Department of Commerce.

② 同期，法国对外投资存量占全球的比重是 6.6%，英国占 6.6%，加拿大占 2.8%，意大利占 2.7%，日本占 1.4%。

（％）

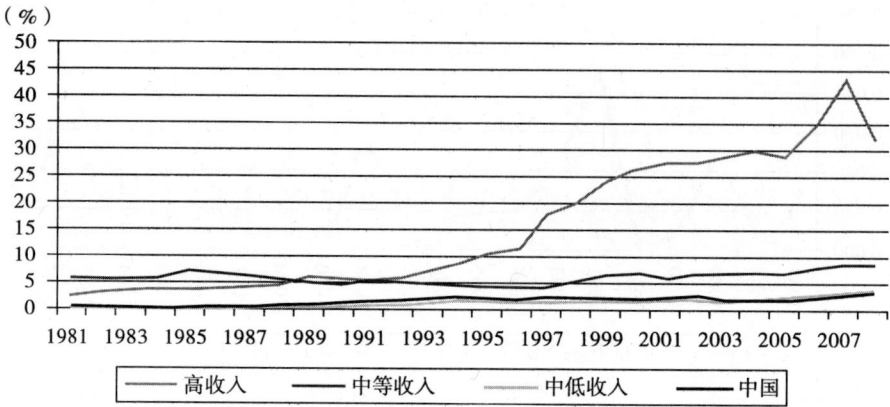

图 5.40　不同收入水平新兴经济体 FDI 流出存量与当年 GDP 之比（％）

数据来源：UNCTAD 数据库。

第六章　新兴经济体对全球能源格局的影响

　　新兴经济体的崛起不仅改变了全球经济增长、贸易和投资格局,对全球能源格局的变化和发展也产生了深远影响。

　　能源对于世界经济发展的重要性不言而喻。石油至今仍然是全球消费量最大的一次能源,占能源消费总量的40%,如果算上天然气,两者占全球一次能源消费量的60%以上。所有工业部门,特别是化学工业和交通运输业基本上依赖这一能源。因此,石油和天然气是推动经济和社会发展所必不可少的生产要素。

　　石油的重要性和特殊性决定了它是一种战略能源,影响了一个国家的国内和国际政治经济关系。许多国家的经济都深受石油价格波动和供应状况的影响,无论这些国家石油资源是丰富还是匮乏。而石油作为主要能源,其价格的变化也直接影响其他能源价格如天然气等,甚至影响到粮食价格。2008年上半年,石油价格的上涨就在一定程度上引发了能源危机,并进一步导致粮食危机,只是国际金融危机爆发之后油价大幅下跌,上述危机才暂时告一段落。

　　近年来石油价格的迅速上涨使人们对石油的关注有提升到了一个新的高度。不仅仅是因为价格上升对世界经济会产生重要的影响,而且,它引发了人们对石油和天然气工业未来发展前景的担忧。一方面,世界能源消费水平随经济增长而不断提高,另一方面,油气等化石燃料具有不可再生性,使得人们对资源枯竭的担忧挥之不去。而且,石油作为一种战略资源,其储量和产量的分布非常不平衡,因此地缘政治的紧张形势使得石油的安全供应问题又日益凸显。

　　此外,化石能源的利用尽管为推动社会和经济发展带来了巨大的动力,但是也造成了严重的环境问题。特别是温室气体的排放带来的气候变暖，甚至威胁到了整个人类社会的生存和发展。因此，人类社会减少温室气体排放的努力不可避免地会对石油这一最主要的化石燃料发展方向带来深远的影响。

本章将分析新兴经济体崛起对全球能源（石油）格局以及我国能源安全和对外能源关系的影响。

一、新兴经济体对能源供求关系和价格的影响

1. 油价的上涨及其决定机制

石油作为一种战略性的能源，在过去的 10 年当中价格飞涨①，对全球经济产生了重要影响。1998 年 12 月的时候，原油价格一度跌到 10.72 美元一桶，后来几经起伏，到 2003 年 1 月时还曾经低于 18 美元，但自那以后，原油价格不断上升，连创历史新高，直到 2008 年上半年达到 147 美元的历史高位。尽管之后的国际金融危机使原油价格一度下跌到 35 美元一桶，但随着全球经济复苏，油价很快又反弹到 80 美元以上的水平并保持至今。很多分析认为，廉价石油的时代已经一去不复返了。

对于本轮石油价格的上涨，有多种分析原因。有的认为是石油供求关系的基本面发生了变化，有的认为是投机资金炒作的结果，有的认为是地缘政治因素在起作用，或是上述原因的综合影响。从图 6.1 中可以看出，如果按不变价格计算，2008 年的石油价格比 1980 年并没有高多少，但从名义价格来看，2003～2008 年期间的涨幅确实惊人。如果说，投机因素在金融危机前对油价的上涨起了重要作用，那么在当前投机因素较小的情况下，油价仍能维持在 80 美元左右，基本上可以认为这是一个市场供求关系决定的价格，比 2006 年以前的名义价格仍然高很多。而地缘政治因素的影响长期存在，但在本轮油价上涨中的作用居于次要地位。英国《经济学家》杂志曾估计，地缘因素仅使油价上涨了 10 美元左右，与油价几倍的涨幅相比，

---

① 在讨论其价格的时候，除非特别指出，石油专指其基本形态原油。因此，在本章的有关部分，石油价格与原油价格是通用的。

作用有限。

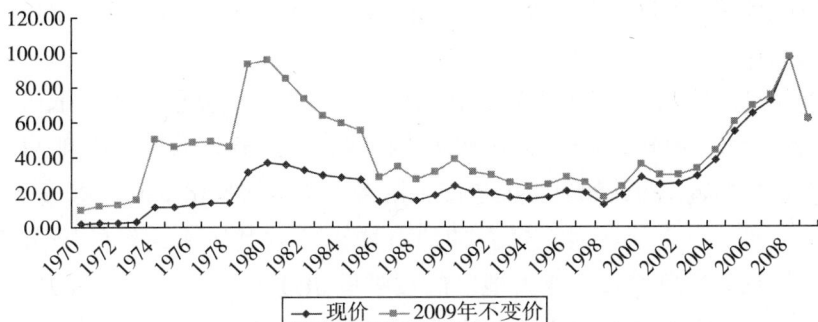

图 6.1　1946～2009 年原油年平均价格（美元/每桶）

资料来源：BP Statistical Review of World Energy 2010。

　　石油作为一种特殊商品，其价格的决定有自己的特点。首先，石油同所有商品一样，其价格由其供给和需求共同决定。对石油的需求实际上反映了对石油下游产品的需求，这一需求来自于消费者和生产者的真实需求，决定于他们的收入、偏好、经济发展水平、生产方式等等。从这个角度来看，对石油的需求和对其他能源或普通商品的需求没有什么不同。石油的特殊性在于它的供给。由于石油资源分布极为不均，因此石油的生产和出口掌握在少数国家手中，而这些国家中的多数又联合起来，成立石油输出国组织（OPEC），并以调整产量为主要手段试图掌握国际石油的定价权。尽管这一努力时灵时不灵，但总的来说，世界石油市场具有寡头垄断的性质。寡头垄断市场的定价机制显然和完全竞争市场是不一样的。

　　2. 新兴经济体是石油需求增长的主要来源

　　石油的主要消费者一直都是发达国家，美国是消耗石油的第一大国，一般都占世界石油消费的 1/4 左右，欧盟和日本加起来差不多又占 1/4。但由于经济快速增长，交通、工业和住宅对包括石油在内的能源需求不断上升，新兴市场和其他发展中国家消费的石油消费近年来增长得更快。

　　2003～2007 年是全球经济自 20 世纪 70 年代以来表现最好的时期，不仅实现了高增长和低通胀，而且全球主要地区都实现了较快增长。受此影响，对石油的需求也增长很快。从表 6.1 中可以看出，2007 年全球原油消费量比2003年增长了7.7%,其中发达经济体仅增长1.1%,对同期全球增长的贡献仅为7.8%,而新兴经济体同期增长15.5%,对全球增长的贡献高达92.2%。

发达经济体当中,美国5年中增长了3.3%,欧盟仅轻微增长0.5%,日本则负增长7.9%。新兴经济体中,中国的增长最为迅速,达到34.1%,占世界增量的近1/3,如果算上印度,两者占全球增量比重接近40%。如果分地区来看,亚太地区对全球石油消费增长的贡献居于绝对的领先地位,如果剔除日本的负增长,亚太地区的贡献应超过50%。其他发展中地区增长也普遍高于全球平均水平,其中非洲对全球增长的贡献甚至大于欧洲和欧亚地区。值得注意的是,中东作为传统的石油出口地区,其石油消费增长也很快,是对全球消费增长贡献第二高的地区。如果把"金砖四国"和沙特阿拉伯加在一起,五个国家消费占全球总量为1/5强,但对消费增长的贡献超过50%。

表6.1　2003～2007年全球石油消费增长量和增长速度（百万吨）

	2007年消费量	占全球比重（%）	比2003年增长（%）	占增量比重（%）
全球总计	3969.5	100.0	7.7	100.0
发达经济体	2026.1	51.0	1.1	7.8
新兴经济体和发展中国家	1943.4	49.0	15.5	92.2
亚太地区	1186.2	29.9	12.2	45.6
北美	1134.3	28.6	3.9	15.0
欧洲和欧亚地区	954.0	24.0	1.2	4.0
中东	305.3	7.7	20.3	18.2
中南美	252.4	6.4	15.7	12.1
非洲	137.3	3.5	12.1	5.2
欧盟	707.9	17.8	0.5	1.3
美国	942.3	23.7	3.3	10.6
日本	229.3	5.8	-7.9	-6.9
中国	364.4	9.2	34.1	32.7
印度	132.9	3.3	17.6	7.0
沙特阿拉伯	102.5	2.6	26.7	7.6
俄罗斯	126.3	3.2	2.4	1.0
巴西	99.0	2.5	12.8	4.0

数据来源:同图6.1,增量和增量比重两项是根据相关数据计算而来。

受 2008 年金融危机的影响，发达经济体占全球石油消费比重首次降到 50% 以下，为 49.5%。而新兴经济体和发展中国家总体上受危机影响较小，经济复苏较快，使得 2009 年发达经济体占全球石油消费比重进一步下降到 47.8%。从长期来看，新兴经济体已经进入工业化和城市化发展阶段，对石油的需求将继续上升。而发达经济体经济将长期保持低增长，占全球石油消费的比重将持续下降。

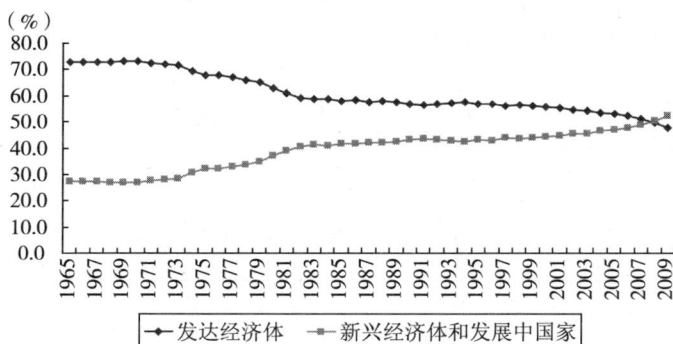

图 6.2　发达经济体、新兴经济体占全球石油消费量的比重

资料来源：BP Statistical Review of World Energy 2010。

3. 新兴经济体是石油资源的主要供应来源

前面已经提到过，世界石油的供给具有寡头垄断的特征，这是由世界石油资源的分布、生产和出口高度集中决定的。与石油的需求相比，新兴经济体和发展中国家在石油的供给中的作用更加突出。按储量计算，新兴经济体和发展中国家占全球比重高达 94.2%，产量则占 81.1%。其中，以新兴经济体成员为主的 OPEC 国家占绝对主导地位，储量和产量分别占全球的 77.2% 和 41.4%。按照 2009 年的产量，发达国家已探明的石油储量将在 15 年内开采完毕，而新兴经济体还可以开采 53 年（见表 6.2）。表 6.3 更能说明全球对新兴经济体和发展中国家石油的依赖性。2009 年全球石油出口（进口量）将近 19 亿吨，相当于全球产量的一半。其中，美、加、欧、日等发达经济体进口量占全球进口的 60%，出口量仅为 6.4%；而新兴经济体和发展中国家的出口占全球的比重高达 93.6%。

表 6.2 世界已探明石油储量与产量分布

	1989 年末储量（十亿桶）	2009 年末储量（十亿桶）	储量占比（%）	2009 年产量（千桶/天）	产量占比（%）	储量/年产量比
全球	1006.4	1333.1	100	79948	100	45.7
发达经济体	62.6	77.8	5.8	15117	18.9	14.1
新兴经济体和发展中国家	943.8	1255.3	94.2	64831	81.1	53.0
OPEC	763.2	1029.4	77.2	33076	41.4	85.3
独联体	67.3	122.9	9.2	13202	16.5	25.5
中国	16.0	14.8	1.1	3790	4.7	10.7
印度	4.3	5.8	0.4	754	0.1	21.1
俄罗斯	–	74.2	5.6	10032	12.5	20.3
巴西	2.8	12.9	1.0	2029	2.5	17.4
沙特阿拉伯	260.1	264.6	19.8	9713	12.0	74.6

数据来源：同表6.1。

表 6.3 2009 年世界石油进出口分布（百万吨）

	原油进口	比重（%）	原油出口	比重（%）
全球	1892.5	100	1892.5	100
美国	442.8	23.4	2.2	0.1
加拿大	39.1	2.1	96.5	5.1
墨西哥	0.5	0.0	63.8	3.4
中南美	25.1	1.3	128.9	6.8
欧洲	513.3	27.1	23.1	1.2
独联体	0.9	0.0	342.0	18.1
中东	7.0	0.4	822.1	43.4
北非	18.4	1.0	111.1	5.9
西非	–	–	212.3	11.2
东非和南非	21.9	1.2	14.8	0.8
亚大区	22.8	1.2	12.8	0.7
中国	203.5	10.8	4.7	0.2
日本	176.5	9.3	–	–
新加坡	46.3	2.4	2.3	0.1
其他亚太国家	228.6	12.1	40.2	2.1
统计遗漏	–	–	15.5	0.8

数据来源：同表6.1。

　　石油资源和产量分布的不均衡，为少数国家联合起来操纵石油的产量和价格提供了可能。石油输出国组织（OPEC）就是一个通过上述手段实现成员国集体收益最大化的卡特尔组织。OPEC 首先会预测世界石油的需求，然后预测非 OPEC 国家的产量，这样就可以求出实现目标价格 OPEC 国家的产量是多少，最后一项任务就是在 OPEC 成员国内部进行分配生产份额。

　　OPEC 过去这些年来对石油价格的操控有成功有失败。20 世纪 70 年代两次石油禁运是成功的典范，OPEC 国家通过减产和限制出口等方式，使得国际石油价格在数年中上涨了十几倍。但在石油价格于 1980 年创造出历史高位以后，OPEC 对内部成员国产量的限制开始瓦解。面对高收益的诱惑，各成员国开始迅速扩大产能，再加上高油价抑制了需求，使得供大于求的局面很快出现，油价开始下跌。1986 年世界石油的剩余产能（spare production capacity）曾达到每天 870 万桶，石油价格也一度跌到 8 ~ 10 美元一桶。此外，要想准确预测世界经济走势和石油需求也并非易事。由于低估了亚洲金融危机对世界经济的影响，在 1997 年的部长会议上，OPEC 做出了提高生产配额的决定，导致石油价格于 1998 年再次跌到 10 美元附近。石油价格的暴跌给产油国和石油公司带来了巨大损失，而 OPEC 也一度被视为是一个失败的卡特尔组织。

　　此后，随着石油需求的缓慢回升和石油投资的萎缩，剩余产能开始下降，而 OPEC 也开始有意识地使用剩余产能作为调控产量乃至价格的手段，其调控能力也有所提高。1998 年之后，OPEC 尝试以西方主要消费国的石油存货为调控目标：当存货上升时就减产；存货下降时就扩大产能。这一手段非常有效，随着世界经济的强劲增长，需求不断上升，油价开始上涨，而 OPEC 则随行就市，利用剩余产能调控价格。

　　事实上，目前世界原油生产足以满足原油需求，而且还有相当的剩余产能。由于对 20 世纪 90 年代以来石油价格长期低迷心有余悸，即使进入 21 世纪之后石油价格显著攀升，产油国也不急于扩大产能。在 2008 年原油一度突破 140 美元每桶之际，外界曾强烈要求沙特阿拉伯扩大供给，但该国表示要以销定产，必须有新的需求产生，才会扩大产能。而且，高油价似乎并没有对石油消费国产生极为不利的影响，因此可能不会出现 20 世纪 70 年代石油危机给生产国带来的"反冲击"。上次石油危机曾经使整个世界经济陷入衰退，而 2003 ~ 2007 年期间油价虽然翻了几番，世界经济增长依然保持强劲。因此，产油国无须过于担心消费国经济衰退和寻找替代能源造成石油的需求下降。

综合上述分析，鉴于新兴经济体对石油需求和供给的决定性影响，基本上可以认为，新世纪以来这轮石油价格的上涨，是由新兴经济体决定的。

二、新兴经济体对国际能源安全的影响

1. 能源供应的稳定性和充足性

由于石油是如此重要的商品，其储量和生产的地理分布又很不平衡，因此就产生了能源安全问题。能源安全指的是价格合理、可靠而充足的能源供应。除了正常的供给和需求因素之外，地缘政治因素一直对石油价格产生着重要影响。20 世纪 70 年代的两次石油危机和 1990 年油价的短暂上涨都与中东地区紧张的政治局势有关。新世纪以来油价的上涨也不例外。

自 9·11 事件之后，反恐已经成为美国等西方国家头等大事，而当今国际恐怖主义的根源恰恰是在石油丰富的中东地区，而且有向其他产油区（中亚、非洲、东南亚）蔓延的趋势。世界主要产油区成为一个大规模政治和军事角力的场所，那么必然地，石油的稳定供应就成为一个重要问题，给石油价格带来一定的"风险溢价"。由于反恐战争、伊朗核问题以及整个中东局势的不明朗，产油区出现新的政治危机的可能性很大。石油稳定供应将会是一个长期问题。

除了可靠性之外，供应的充足性也是能源安全的一个重要层面。从理论上来说，石油是一种不可再生的资源，迟早有被消耗完的一天。一个比较形象的说明是"石油顶峰"（Oil Peak）理论。该理论认为，随着时间推移，石油生产产量将呈一个"钟型"曲线，先是上升，达到"巅峰"后将逐渐下降。届时，石油公司和产油国将难以保持现有的生产水平，更不用说跟上不断上升的消费需求了，石油供应的充足性问题将凸显出来。

现在的问题是全球的"顶峰"什么时候到来。英国石油消耗分析中心（Oil Depletion Analysis Centre）的研究人员认为，石油储量的发现在 20 世纪

60年代就已经达到顶峰，自20世纪80年代以来石油需求一直超过了新发现的石油储量，也就是说人类正在逐步消耗世界石油资源的"库存"。此外，有18个主要产油国（占世界石油产量的30%以上）的生产已经跨越了顶峰时期。也有一些研究报告认为世界石油的巅峰即将到来。当然，这样的预测并不被一些更加权威的机构所认可。美国地质测量局于2000年进行的全面调查显示，全世界石油生产的顶峰至少在2020年以前不会出现，国际能源署对此也基本认同，认为在2030年之前石油供给足以应付石油需求，但前提条件是必须有足够的投资用于石油开采和提炼。因此，认为"石油顶峰"即将到来的观点是少数，而更权威和更广泛的观点是巅峰期至少还有几十年才会出现。

但我们必须对未来石油供应的形势保持高度警觉，并采取一定的应对措施。首先，顶峰期后的过渡不一定是平稳的。即使按照乐观的预计，"顶峰"期离现在也只有20年。从历史方面来看，每次从一种能源技术转移到另一种能源技术都产生了剧烈的阵痛。由于替代能源的研发和推广都需要大量的时间和投资，现有能源消费和生产的基础设施逐渐替换也需要时间和投资，因此，未雨绸缪十分必要。其次，即使不担心石油供给的总量问题，也有足够的理由担心未来石油供应的分布问题。由于世界石油已探明储量集中在OPEC国家特别是中东地区（见表6.2），而其他主要产油国（包括独联体国家）的产量顶峰期已经或即将到来，因此，随着顶峰期的接近，石油消费国将不得不更加依赖来自于中东地区的石油。丘吉尔曾经说过[1]：获得石油安全的唯一手段就是（供应渠道）多样化。石油供应集中在一个地区本身就已经很值得担忧，何况该地区长期以来政治不稳定。在交通运输业严重依赖于石油的情况下，即使是短暂的供应短缺都会给世界经济造成重大的影响。

2. 石油供应的可负担性

传统的能源安全理论主要关注石油供应的稳定性和充足性问题，但却很少关注石油供应的可负担性问题，即是否能以合理的、可负担的价格获

---

[1] 转引自 Global Challenges for U. S. Energy Policy, the Brookings Institute, March 2004.

得石油供应的问题。随着廉价石油时代的终结，可负担性问题逐步凸现出来。

新世纪以来石油价格的飞速上涨使全球财富出现了巨大的分配和转移效应，财富从石油消费国转向石油生产国。每年原油的贸易量大约在19亿吨左右，相当于140亿桶，目前原油的价格在80美元一桶左右，相当于石油进口国每年向石油出口国转移了1.1万亿美元的财富，大约是全球GDP的2%，全球货物出口总额的7%。而且，这一财富转移非常集中。正如表6.3所显示的，中东地区、独联体国家和西非国家每年的原油出口占全球出口总量的70%以上，而整个新兴经济体和发展中国家占比高达93.6%。也就是说，即使扣除掉自身的出口，每年发达国家仅石油进口就要向新兴经济体和发展中国家支付1万亿美元。

以美国为例，每年净进口原油4.4亿吨左右，成品油3400万吨，折合为34亿桶。原油的均价从2003年的30美元每桶上升到今天的80美元一桶，美国每年将因此多支付1700亿美元，相当于GDP的1.3%，而美国经济好的时候每年的增长也就在3%左右。贸易逆差的扩大直接会降低经济增长，这还没有考虑高油价带来的成本和通胀预期上升、消费和投资减少的负面作用。美国进入新世纪以来这一轮经济扩张期的平均增长速度是二战后历次扩张中最低的，这和同期油价的快速上涨有直接关系。

相比之下，中国2009年净进口原油和成品油2.2亿吨左右，折合为16亿桶，油价上涨50美元等于是多支出800亿美元，相当于GDP的1.6%。但是，由于2003年以来中国经济增长率每年都在10%左右，1.6%是可以负担的。美国新世纪以来的经济扩张期的年平均增长率也就是2.6%，因石油进口多支出的1.3%就显得相当高了。2008年上半年油价涨到140美元之际，许多国家的交通运输业和居民消费支出都受到严重影响，甚至在很多地方引发了示威和抗议活动。当时的能源危机实质上是一个价格上涨后造成的负担不起的问题，这一点和20世纪70年代的两次石油禁运造成的能源危机截然不同。

展望未来，油价可能长期保持在80美元以上。这是在国际金融危机之后世界经济缓慢复苏、基本上由供求关系决定的价格。随着世界经济增长恢复常态，油价在现水平之上稳步上涨是完全可能的。从需求面来看，新兴经济体将继续保持经济增长，城市化、工业化进入快速发展阶段，对石油需求的增长将呈递增态势。根据历史经验，当一个国家人均收入水平（以购买力平价 PPP 计算）超过 2500 美元之后，机动车拥有量开始迅速上升，而且上升速度会超过收入增长速度，直到人均收入达到 1 万美元以上速度才会放缓。这种情况在中国已经出现，未来会有更多的新兴经济体进入"汽车社会"，对石油产生巨大的需求。

　　石油的供给虽然能跟上需求的增长步伐，但供给结构可能发生变化，非 OPEC 产油国的比重可能会进一步下降。与 OPEC 国家相比，非 OPEC 国家的储量小、开采成本高、油田老化，尽管从中期来看，独联体、西非、南美等地区的产能还在扩张之中，但其未来增长速度可能会受到一定限制。OPEC 要想实现收益最大化，它的产量一定会低于世界的剩余需求（即总需求减非 OPEC 产量）。如果 OPEC 能成功运用这个策略，其结果必然是石油供应紧张，石油价格也因此会保持在较高的水平上。此外，传统石油的供给比重可能会下降，而非常规石油（Non – Conventional Oil）的产量将逐步上升。如加拿大的油砂矿（Oil Sand）和生物能源等等。但非常规石油成本高，只有在油价长期保持在高位时才能实现规模生产。

　　因此，不论是从石油需求还是供给的角度，未来油价都有可能长期保持在较高的水平上，在不同类别的经济体之间将产生巨大的财富分配和转移效应，能源的可负担性问题将十分突出。新兴经济体中的石油净出口国是最大的受益者。这些国家吸取了 20 世纪 70 年代的教训，将获得的巨额石油收入用于本国基础设施建设和科技发展，改善宏观经济状况，用外汇储备筹组主权财富基金，在全球金融市场发挥重要影响。

　　新兴经济体中的制成品出口国虽然资源匮乏，但经济增长快，国际竞争力强。油价上涨本身就是新兴经济体快速增长的结果，因此这些经济体完全可以通过财富的增量部分来支付，石油供应的可负担性不是问题。而且，石油输出国获得的收入很大一部分又用来购买这些国家的产品，两者之间形成了一个良性循环。新兴经济体中的其他资源出口国情况和石油出口国类似，经济增长将带动这些国家的资源出口增加，可以与石油和制成品出口国进行交换。

　　相比之下，受金融危机和不利的人口结构变化趋势的影响，发达经济体未来增长将比较缓慢。美国的经济表现可能是最好的了，但增长速度估计要比过去低 1 个百分点，未来可能长期保持每年增长 2% 左右。因此，高油价意味着发达国家在很大程度上要将存量财富转移给石油输出国。不过，受影响最大的可能是其他发展中国家。这些国家对能源依赖程度高，自身经济增长缓慢，国际收支状况不佳，难以负担高企的油价。特别是高油价可能造成生物燃料产量的扩大，这会减少全球粮食供应，对穷国的损害尤其大。据美国能源部预测，2035 年全球生物燃料的产量将是 2007 年的 3.5 倍，这将给粮食供应带来很大压力。2008 年上半年的粮食危机，很大程度上就是因为美国开始大力发展生物燃料导致玉米等农作物减产造成的，当时对其他发展中国家产生了非常不利的影响。

因此，石油供应的可负担性问题将使全球大致划分成两大阵营，新兴经济体是一方，发达经济体和其他发展中经济体是另一方。用三个世界来划分的话，就是第一世界和第三世界在这个问题上是利益共同体，第二世界是另一方。发达国家不希望油价上涨，不希望能源供应被石油输出国掌控，因此提出发展新能源，要求新兴经济体实行强制碳减排来应对气候变化，并在这个问题上拉拢其他发展中国家，使得气候变化问题成为影响未来世界能源发展的最大变数之一。

三、新兴经济体对气候变化问题的影响

1. 能源与气候变化密切相关

尽管对气候变化的事实和依据存在种种争议，但主流的观点是认为气候变化问题已经成为影响人类发展的重大问题。其代表性观点包括：首先，全球正在变暖。具体表现在平均气温在升高，冰川在消退。其次，人类活动造成的温室效应是全球变暖的主要原因。具体表现为大气二氧化碳（CO_2）浓度显著增加，而且主要是由于人类燃烧化石燃料等活动引起的，自然变化不可能引起 CO_2 浓度上升得如此之快、如此之多。第三，气候变化将带来严重的自然和经济后果，如自然灾害频生、传染疫病暴发、农业歉收、海平面上涨等等。

既然全球变暖的后果是如此严重，而且留给我们的时间也并不多了，人类社会必须采取坚决行动，降低大气中的 CO_2，减少化石燃料的燃烧。1997 年签订的《京都议定书》就是朝这一目标迈进的巨大努力。其中，德国、英国、法国以及欧盟的其他成员国准备将他们的 2010 年的排放量削减 8%，从而低于 1990 年的排放水平，日本同意削减 6%。考虑到当时发展中国家经济发展水平和排放水平较低，《京都议定书》通过了"共同但有区别的责任"原则，没有对发展中国家的减排做出硬性规定。

但是，作为全球第一大经济体、也是第一大能源消费国的美国一直没有批准《京都议定书》，使国际社会应对气候变化的努力大打折扣。美国经济的发展是建立在大量消耗能源的基础之上，特别是化石燃料能源。其石油、天然气和煤炭消耗量占其整个一次能源消费的 85% 以上，三者比重分别为 39%、24%、23%，非化石燃料的比重只有不到 15%。因此，美国长期都是世界第一大二氧化碳排放国，其排放量占世界总量的比重曾到过 23.1%。

因此，如果要求美国按照京都议定书的标准减少排放，不管采用哪种手段实现这一目标，受影响的不仅仅是能源生产者，包括交通运输业、工业、商业和普通消费者在内的能源使用者受到的影响可能更大。美国反对《京都议定书》，除了担心自身经济受损之外，还有一个冠冕堂皇的理由：《京都议定书》对发展中国家特别是中国等排放大国没有规定减排义务。发达国家中原来只有美国强调新兴大国也需要强制减排，但近年来欧洲国家也开始支持这一观点。他们的理由是，新兴大国碳排放增长迅速，如果不减排，即使发达国家排放为零也不能扭转大气中温室气体浓度的趋势。在这种情况下，新兴经济体已成为气候变化问题的焦点。

2. 新兴经济体已成为气候变化问题的焦点

根据美国能源信息署的统计，2008 年新兴经济体因能源消费产生的碳排放已经占全球总量的近 60%，比 2000 年提高了整整 10 个百分点。在全球碳排放最大的前 5 个国家中，新兴经济体占 3 个，在前 10 个国家中占 5 个，在前 20 个国家中占 11 个。相比之下，发达经济体碳排放总量占全球比重在 2000～2008 年期间从 48.9% 下降到 38.9%，下降了 10 个百分点。而其他发展中经济体占全球份额保持在 1.3% 不变（见表 6.4）。

1980 年全球因消费能源产生的碳排放总量为 185 亿吨，2000 年为 239 亿吨，2008 年的 304 亿吨。2000～2008 年的全球碳排放总量增长了 27.2%，增速远远超过之前 20 年。2000～2008 年期间，发达经济体碳排放总量仅增长 1.2%，其他发展中经济体增长了 24.2%，而新兴经济体增长了 53%，贡献了全球同期增长的 96.4%。可以说，这一时期全球碳排放的增长基本上都是新兴经济体贡献的。从这个角度来看，认为新兴经济体应该为碳减排做贡献似乎很有道理。

表6.4　　　　　　　能源消费产生的碳排放分布和变化（%）

	占全球总量比重		2000～2008 年总量增长	相当于全球人均水平		2000～2008 年人均增长
	2000 年	2008 年		2000 年	2008 年	
全球	100	100	27.2	100	100	15.7
发达经济体	48.9	38.9	1.2	342.6	287.8	-2.8
新兴经济体	49.6	59.6	53.0	66.4	80.0	39.3
其他发展中经济体	1.3	1.3	24.2	11.9	10.7	4.5
美国	24.6	19.2	-0.5	529.6	422.5	-7.7
日本	5.0	4.0	0.8	242.4	210.1	0.3
中国	12.0	21.5	127.5	60.1	108.2	117.1
印度	4.2	4.9	48.0	25.9	28.9	30.6
俄罗斯	6.5	5.7	10.8	268.1	270.7	15.6
巴西	1.4	1.4	24.2	50.0	48.0	11.5
南非	1.6	1.5	15.6	223.7	203.7	6.8

资料来源：美国能源信息署。

但是，如果考虑到人口规模的因素，情况则大大不同。尽管新兴经济体碳排放总量和增速均超过发达经济体，但由于新兴经济体人口规模大约是发达经济体的 5 倍多，其 2008 年人均排放量仅相当于全球平均水平的 80%，发达经济体的 27.8%。其他发展中经济体人口略低于发达经济体，人均排放量仅相当于世界平均水平的 10.7%，发达经济体的 3.7%。在经济发展水平和人均收入水平远远低于发达经济体的情况下，要求新兴经济体和发达经济体一样承担强制减排义务，等于是剥夺了他们的发展权利，这是非常不公平的。

何况，大气中的温室气体是几个世纪以来不断积累形成的，如果确实是人类活动特别是燃烧化石燃料引起的，那么工业革命以来发达国家累计排放的温室气体应该是其主要的构成部分。仅仅按照当前的发展态势而断定新兴经济体是温室气体排放的主要责任者是不科学的。《联合国气候变化框架公约》的数据显示，1860～1990年全球累计的碳排放中，78%是由发达国家贡献的。在发达国家没有承担起自己的历史责任之前，怎么可能要求新兴经济体承担现实责任呢？

而且，除了少数国家之外，大部分签署《京都议定书》的发达国家基本都没有完成当初的减排承诺。既然明确承诺的都不能完成，那么有什么理由相信发达国家未来能完成新的减排目标呢？在自身信誉已经破产的情况下，发达国家自然也没有资格要求新兴经济体承担强制性的减排义务。

尽管如此，发达国家依然在气候变化问题上对新兴经济体横加指责。由于短期内在联合国框架内实行统一的减排计划无望，部分发达国家准备采取单方面减排措施。这些措施不论是采取征收碳关税的方式，还是碳交易的方式，都会对国际贸易和投资，特别是能源消耗较高的新兴经济体的国际贸易和投资产生不利影响。金融危机爆发后，发达国家又把应对危机和气候变化问题挂钩，认为危机是过去错误的经济增长方式造成的，未来必须改变增长方式，走低碳发展道路。由于发达经济体在相关领域有技术领先优势，传统产业比重也比较低，所谓的低碳发展实际上是要放慢新兴经济体的增长速度，重新确立发达国家在国际经济的主导地位。

而且，由于气候变化对最不发达国家影响较大，在西方的鼓动下，这些国家也要求新兴经济体多为减排做贡献，给主要新兴经济体带来很大压力。实际上，由于种种原因，即使在新兴经济体内部，其立场也非常不统一，造成在相关问题上利益的分化。

3. 新兴经济体在气候变化问题上立场的分化

按照"共同但有区别的责任"，联合国气候框架公约将缔约国分成四大类：发达国家、经济转型国家、发展中国家、最不发达国家。按照本书对经济体的分类方法，发达经济体分类基本一致，经济转型国家和发展中国家可以算做是新兴经济体，最不发达国家算是其他发展中经济体。一个国家参与气候谈判的立场主要取决于该国的经济发展水平、资源禀赋、技术水平、气候条件，以及对气候变化问题的认识程度。由于这些条件千差万别，在不同的经济体内部都会有不同声音。但总体而言，发达经济体的立场在趋同，美国在奥巴马政府上台之后也曾准备加入强制减排计划。最不发达经济体立场也比较一致。

只有在新兴经济体中，立场分化比较严重。其中，以前苏联和东、中欧国家为主的经济转型国家最早是和发达国家一起被列为《京都议定书》的附件一国家，是有强制减排任务的。但由于这些国家20世纪90年代经济大幅倒退，因此不但可以轻松完成减排任务，甚至有部分国家如俄罗斯还有剩余指标可以出售。而加入欧盟的部分东、中欧国家立场已经和欧盟完全一致，对于减排的立场比较强硬。

由于全球变暖可能导致海平面上升，威胁到了很多小岛国的生存，因此发展中国家又成立了小岛国联盟。这些小岛国数目众多，但人口较少，经济总量也不大。由于在国际气候谈判中采取同一的立场，小岛国联盟是很重要的一方，他们也是主张以更加积极和紧迫的态度应对气候变化。

即使在较大的新兴经济体当中，部分国家如韩国、阿根廷等，或是因为收入水平较高，或是由于产业结构的原因，应对气候变化成本相对较低，已经主动提出自愿减排。在这种情况下，减排的压力就越来越聚焦于中国、印度、巴西等新兴大国身上。这些国家人口众多，经济总量大，正处于工业化、城市化快速发展阶段，能源消耗和温室气体排放呈不断上升趋势。

在新兴经济体中，中国在气候变化问题上面临的压力最大。从图6.3中可以看出，中国在2000年的时候能源消费产生的碳排放占全球的12%，但到2008年的时候比重已经上升到21.5%，排名全球第一。2000年的时候，中国人均排放量相当于全球人均排放量的60.1%，这时候中国还可以说自身经济发展水平落后，人均排放量较低。但到了2008年，中国人均排放量已经相当于全球人均排放量的117%。

更重要的是，2000~2008年期间，中国一个国家就贡献了全球碳排放总量增长的 56.4%。和其他主要新兴经济体相比，2008 年印度排放总量占全球比重只有 4.9%，人均排放量仅相当于全球人均排放量的 28.9%。俄罗斯由于能源丰富，人均排放量远高于全球平均水平，但其排放总量占全球比重其实是下降的，巴西和南非的排放总量占全球比重只有 1.5% 左右，而且也呈下降趋势。在这种情况下，其他新兴大国尽管也面临一定减排压力，但实际中国承受的压力最大。

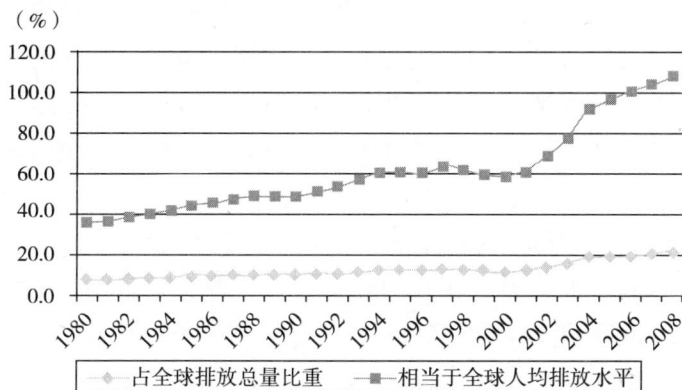

图 6.3　中国碳排放总量和人均排放量变化

资料来源：美国能源信息署。

在新兴经济体利益分化的情况下，如何团结其他新兴大国和发展中国家共同应对气候变化问题和西方国家的压力，是中国未来在能源和气候变化领域需要面临的一个长期挑战。

四、新兴经济体与我国对外能源关系

1. 我国能源外贸依存度逐步上升

1993 年以前，我国石油生产量高于消费量，因此一直都是石油净出口国。由于出口量较大，20 世纪 80 年代初 OPEC 一度曾邀请我国加入该组织。但从 1993 年起，我国成为石油净进口国，进口量逐年攀升。到 2009 年，我国进口量首次超过生产量，石油的进口依存度（进口量与消费量之比）达到 53.3%。进口依存度上升的主要原因是我国经济快速发展导致的石油需求量的增长。2009 年我国石油消费量达到 4.05 亿吨，比 1980 年增长了 374%，而同期全球其他国家和地区石油消费量仅增长了 20%。

此外，进口依存度的上升也与我国石油产量增长相对缓慢有关。我国石油产量在 1978 年突破亿吨大关之后稳步上升，到 2008 年达到 1.95 亿吨的历史最高位，而 2009 年产量轻微下降到 1.89 亿吨。有分析认为，我国石油产量的顶峰已经出现，未来可能会呈逐步下降趋势。更值得担忧的是我国石油储量的匮乏。目前，我国石油剩余可采储量在 20 亿吨左右，人均石油剩余可采储量 1.4 吨，相当于世界人均水平的 6%，是真正的"贫油大国"。按照 2009 年我国石油产量计算，剩余可采储量 11 年内就会开采完毕。不过，已探明储量并不代表最终可采量。一般认为我国剩余可采储量可能在 100 亿吨以上，还可以持续生产 50～60 年。

展望未来，中国石油需求量和产量之间的差额会越来越大，这也意味着进口依存度将不断上升。在我国剩余石油资源中质量差、难开采的比重将越来越大，2008 年的 1.95 亿吨很可能就是我国石油产量的顶峰，未来原油产量将呈递减趋势。从需求面来看，IMF 曾估计，当人均 GDP 达到 1 万美元的时候，汽车保有量大概在每千人 300～600 辆之间。如果 2030 年中国人均 GDP 能够达到这个水平，即使按照低限计算，中国的汽车保有量也将达到 4.5 亿辆，是现在的 5 倍。届时中国的石油需求量大约在 9.3 亿吨左右，即使中国能保持当前的石油生产量不变，中国的进口依存度也将高达 80%。

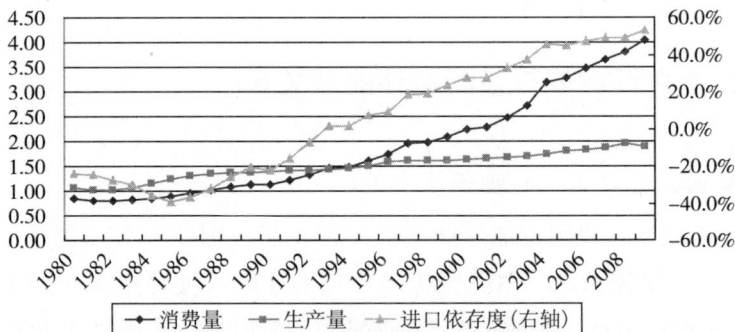

图 6.4　我国原油消费量和生产量（亿吨）、进口依存度（右轴，%）
资料来源：同表 6.1。

2. 新兴经济体对中国的能源安全至关重要

随着中国经济的快速发展和对能源需求的不断增长，能源特别是石油已经成为中国对外经济关系的重要组成部分。2002 年，原油和成品油进口额为 165.6 亿美元，相当于进口总额的 5.6%。到 2008 年，原油和成品油进口额就已经达到 1593.8 亿美元，相当于进口总额的 14.1%。石油已成为中国最主要的进口商品之一。而且，中国原油进口来源非常集中，前 10 大原油进口来源地占全部进口比重 81.6%，全部都是新兴经济体。我国从这些国家进口大量石油，这些国家也从我国进口大量商品。例如，沙特阿拉伯是我国第一大石油进口来源地，2008 年我国从该国进口原油 258 亿美元。而该国从我国进口的商品总额为 348 亿美元，占该国进口总额的 11%。这也从一个侧面反映出我国和石油输出国形成的贸易循环。

油气资源为主的采矿业一直都是我国对外投资的重点领域，占我国对外投资存量的 1/6 左右。从 20 世纪 90 年代开始，我国石油企业就开始海外投资。目前三大石油公司已在世界上多个国家参与了油气项目勘探和开发，基本上都是位于中东、拉美、东南亚、中亚、非洲的新兴经济体，共获份额油 6000 万吨。2008 年中国海外权益油产量达 4400 万吨，可采储量达 11 亿吨。此外，国际油气管道建设也取得积极进展。中俄石油管道、中哈石油管道一期业已完工，中亚天然气管道一期工程即将完工，中缅石油管道已开工建设。上述工程全部完工之后，将形成 8000 万吨的年输送能力。

2008 年国际金融危机爆发后，石油价格一度大幅下跌，部分产油国国际收支显著恶化，经济受到严重冲击。这时候我国果断出手，分别与俄罗斯、委内瑞拉、巴西、厄瓜多尔、哈萨克斯坦、安哥拉等国签署了"贷款换石油"协议，金额超过 600 亿美元。既帮助产油国渡过难关，又使我国能获得长期稳定的石油供应，成为我国与产油国能源合作的又一个新的方式。

上述事实表明，能源已成为我国对外经济关系特别是与新兴经济体的经济关系中极其重要的组成部分。我国已经通过贸易、投资、金融等多方面手段保障我国的能源供应。由于我国经济增长快，即使油价高也能负担得起。但是，西方国家对于中国加强与新兴经济体的能源合作非议很多，认为是"中国威胁论"的具体表现。一方面，对于中国和其他新兴经济体能源需求的快速增长，他们认为是油价上涨的"元凶"。另一方面，中国对海外油气资源的投资，他们认为是扰乱了西方主导的国际能源规则，对东道国而言则是在搞"新殖民主义"。除了在舆论上指责中国之外，西方国家坚持要求中国等新兴经济体实行强制碳排放减排以应对气候变化。也就是说，即使中国能买得起石油，买得到石油，西方国家也不让你用。在这个问题上，新兴经济体不论是石油输出国还是进口国都有共同的利益，彼此有必要加强合作，积极争取自身的发展权。

第三部分

政策建议

第七章　加强与新兴经济体的经贸合作

新兴经济体不仅已成为世界经济增长的主要推动力量，对全球贸易和投资格局也产生了深远影响，并逐步发展成为我国重要的贸易和投资伙伴。中国需要根据上述变化，适时调整对外经济政策，抓住新兴经济体发展带来的机遇。

一、调整外贸政策，开拓新兴市场

我国外贸工作的重心需做出重大调整，以适应新兴经济体的崛起。

1. 对我国与新兴经济体未来贸易关系的基本判断

新兴经济体将取代发达经济体，成为我国货物出口的主要市场。

第一，发达经济体是我国消费品出口的主要市场，但消费品已不是我国出口的主要拉动力量。1998～2008年，消费品占我国出口的比重从42%降至17%，显示发达经济体对消费品需求的增长已经明显放缓。

第二，机电产品已成为我国出口的主要拉动力量，未来这一地位还将进一步加强，而新兴经济体正处于工业化进程中，对机电产品需求的增长将持续高于已处于后工业化阶段的发达经济体。因此，新兴经济体将逐步取代发达经济体，成为我国机电产品出口的主要市场。实际上，目前两者占我国机电产品出口的比重已经比较接近，2008年分别为46%和53%，相差7个百分点，而1998年两者的差距还有14个百分点之多。

大力发展与新兴经济体的贸易关系，是我国实现产业结构升级、顺利完成工业化的关键。

首先，增加对新兴经济体的机电产品出口，对我国实现产业结构升级具有重大意义。国际经验表明，随着一国工业化进程的不断推进和随之而来的劳动力成本的提高，从劳动密集型的轻纺产品转向资本密集型的机械设备，是出口结构升级的合理路径。而我国目前出口的机电产品大多数是以加工贸易方式在国内完成组装的最终产品，以一般贸易方式出口的技术含量较高的零部件很少。

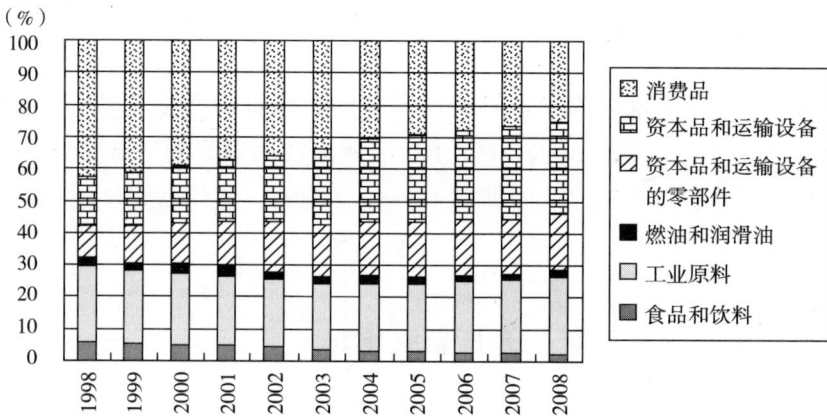

图7.1 我国对全球的出口结构

资料来源：根据联合国 COMTRADE 数据库数据计算。

2008 年，在我国的全部贸易中，机电产品的比重已经高达 42%，而日本的这一比重的历史峰值不过 50%[①]，但是，在约占出口额一半的一般贸易中，机电产品的比重只有 22%，未来还有很大的增长空间。而前文已经指出，无论是机电产品零部件出口，还是机电产品的一般贸易出口，新兴经济体都已经超过发达经济体，成为我国出口的主要市场。这表明，我国本土企业生产的机电产品的技术档次和质量水平虽然还比不上发达国家的产品，但由于有价格优势，对处于工业化过程中的新兴经济体具有一定的吸引力。中国可以充分利用国外市场来促进我国自主创新和产业结构升级，

---

① 出现在 1995 年。

其中的关键就在于新兴经济体。

其次，从新兴经济体获得稳定的能源和资源供给，是满足我国工业化对能源资源的巨大消耗的必要条件。工业生产需要消耗巨大的能量和物质资源，由于国内自有资源有限，未来我国能源和矿产资源的对外依赖度将持续上升，而由于新兴经济体包括了世界主要的石油天然气和矿产资源的出口国，可以预见，我国的能源和资源进口将继续高度依赖新兴经济体。

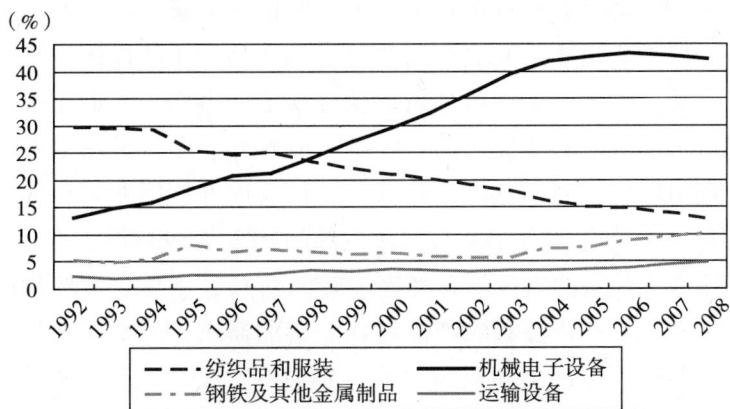

图7.2　我国全部贸易的产品结构

资料来源：根据联合国 COMTRADE 数据库数据计算。

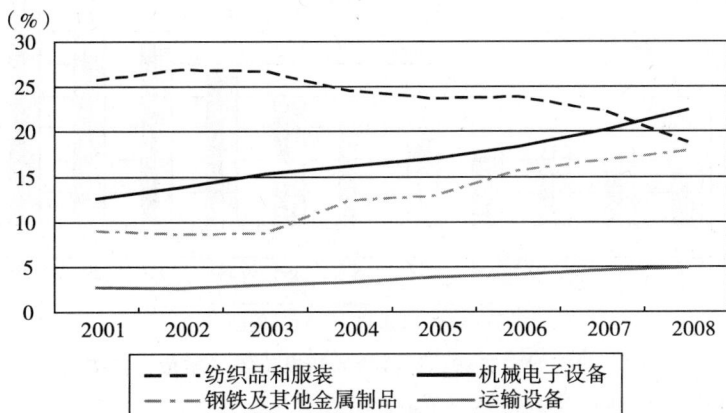

图7.3　我国一般贸易的出口结构

资料来源：中国海关统计。

　　贸易不平衡问题将成为我国发展同新兴经济体贸易关系的主要障碍之一。除了对东亚地区的贸易基本平衡外，我国对其他地区新兴经济体几乎都存在大量货物贸易顺差①。2008 年，我国对欧洲和中亚、拉美、南亚、中东和北非的顺差额占对该地区出口的比例几乎都超过 60%，且顺差额逐年扩大。这主要是由于我国对新兴经济体的进口结构比较单一，能源和矿产资源占了绝对优势，再就是农产品，其他工业制成品的比例很小。这种贸易不平衡状况虽是双方比较优势的反映，但仍会引起对方国家的担心和不满。此外，以工业制成品换取别国的资源类产品，往往被认为是一种掠夺性的贸易结构，在政治上难以被贸易伙伴接受。事实上，近年来中国已成为新兴经济体反倾销的众矢之的。1995 ~ 2008 年，中国共遭遇 677 起反倾销调查，而由印度、阿根廷、土耳其、巴西、南非、墨西哥、韩国、哥伦比亚、秘鲁、埃及这 10 个新兴经济体发起的就达到 399 起②。

　　展望未来，我国的出口重心将逐步转向新兴经济体。虽然我国对新兴经济体的能源、矿产资源和农产品存在旺盛的需求，但别国对我国机电产品以及轻纺产品的需求也在快速增长，如果不能改变现有的贸易结构，双方贸易失衡的规模将进一步扩大，引发更多的贸易摩擦，从而严重妨碍经贸关系的健康发展。

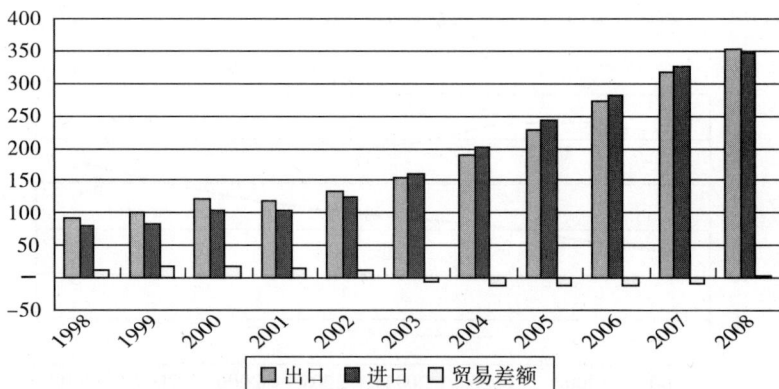

图 7.4　我国对东亚新兴经济体的贸易平衡（单位：亿美元）

资料来源：根据联合国 COMTRADE 数据库数据计算。

---

①　将某地区内的新兴经济体作为一个整体来统计。
②　数据来自 WTO。

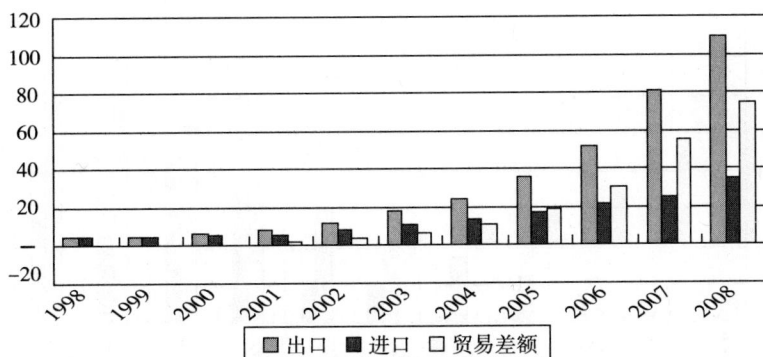

图 7.5　我国对欧洲和中亚新兴经济体的贸易平衡（单位：亿美元）

资料来源：根据联合国 COMTRADE 数据库数据计算。

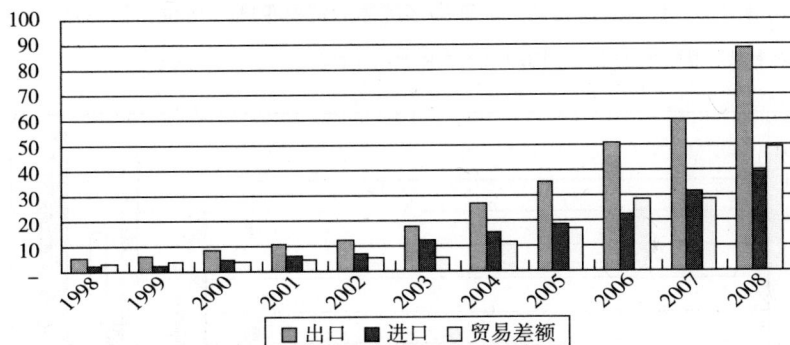

图 7.6　我国对拉美地区新兴经济体的贸易平衡（单位：亿美元）

资料来源：根据联合国 COMTRADE 数据库数据计算。

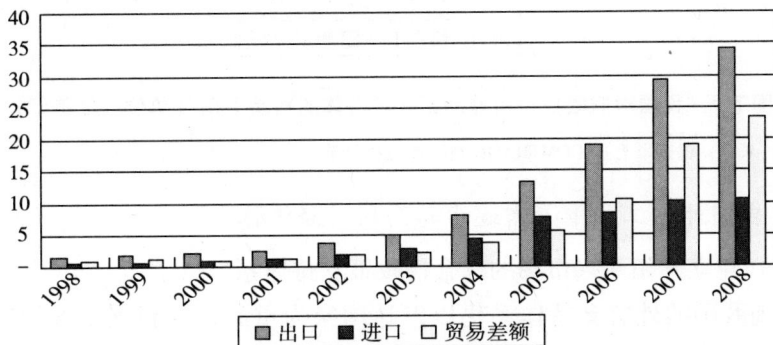

图 7.7　我国对南亚新兴经济体的贸易平衡（单位：亿美元）

资料来源：根据联合国 COMTRADE 数据库数据计算。

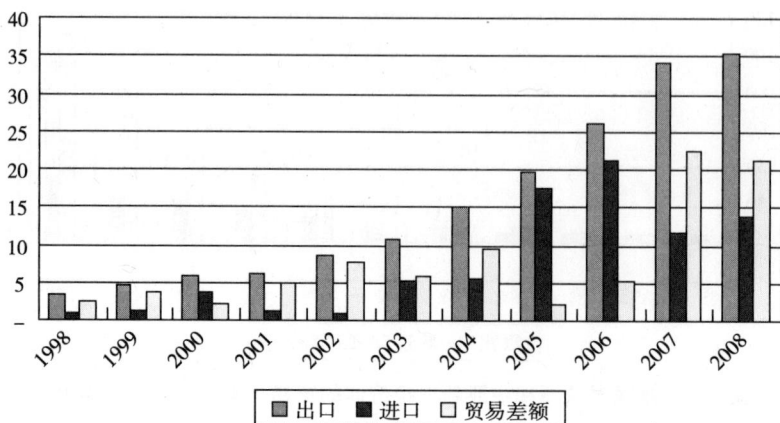

图 7.8　我国对中东和北非新兴经济体的贸易平衡（单位：亿美元）

资料来源：根据联合国 COMTRADE 数据库数据计算。

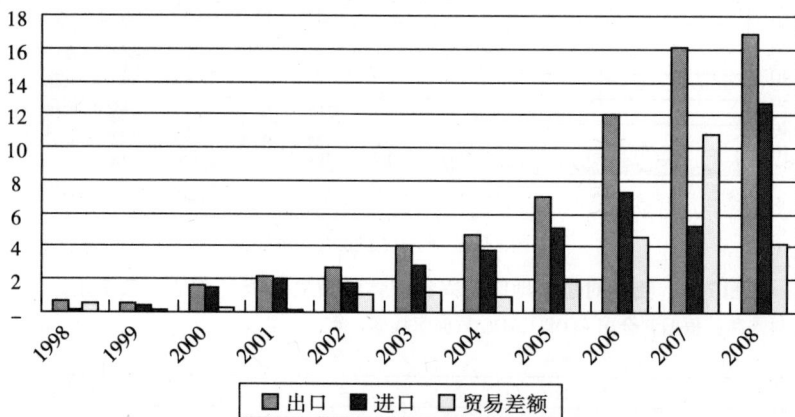

图 7.9　我国对撒哈拉以南非洲新兴经济体的贸易平衡（单位：亿美元）

资料来源：根据联合国 COMTRADE 数据库数据计算。

2. 我国外贸工作重心需逐步转向新兴经济体

（1）建立开拓新兴市场的综合性政策支持体系

目前我国的外贸支持体系仍以发达国家为重心，与新兴市场快速发展的形势明显不相适应。例如，中国贸促会总共 16 个驻外代表处中，只有 7 个分布在新兴市场，其中还不包括巴西、印度、南非这样的发展中大国。

相比之下，日本贸易振兴机构拥有 73 个海外办事处，仅在中国就有 5 个。为了充分利用新兴市场的巨大潜力，促进我国工业化的顺利完成，必须极大地加强开拓新兴市场的政策支持力度。

由于对新兴市场出口的难度较大，风险相对较高，因此对企业资金实力要求高。一是缺乏现成销售渠道，我国企业就需要自行建立销售及售后服务网，经营内容除了出口，还包括海外投资、海外企业管理，业务复杂程度大增；二是新兴市场法律法规不健全或执行不力，企业违约率高；三是新兴经济体企业资金实力弱，付款周期长，往往还需出口方提供融资。为了帮助企业应对这些风险和障碍，政府应建立包括融资、信息提供、人员培训、境外企业权益保护等方面在内的全方位的政策支持体系。

（2）积极寻求与发展中大国和主要能源资源出口国建立自由贸易关系

进入新世纪以来，我国的自由贸易区战略已取得较快进展，目前已与东盟、巴基斯坦、智利、新西兰、新加坡、秘鲁、哥斯达黎加，以及我国的香港和澳门地区签订了 9 个自由贸易协议。但是，到目前为止，我国的FTA 伙伴中还缺乏像巴西、印度、俄罗斯这样的发展中大国，而这些国家人口众多、经济增长速度快，国内市场潜力巨大，对于我国未来的机电产品出口和产业结构的升级具有特别重要的意义。目前我国的 FTA 伙伴中也没有包括主要的能源资源出口国，而发展同这些国家的自由贸易关系，对于保障我国以较低成本获得稳定的能源资源供给十分重要。

为了保证我国工业化的顺利推进，与发展中大国和主要的能源资源出口国建立自由贸易关系宜早不宜迟。因此，未来我国应采取主动，必要时可在谈判时主动作出让步，如我方设定更少的关税减让例外产品，或以更快的速率向对方开放市场，以推动协议的顺利达成。在与能源资源出口国签订自由贸易协定时，可以考虑直接在协议中加入签订政府间长期供货协议和双方共同投资开发能源资源的内容。

（3）通过鼓励对外投资积极帮助新兴经济体发展工业，促进其出口结构的多元化，改善双边贸易不平衡

面对节能减排的巨大压力，我国有必要将"两高一资"产业部分转移到能源资源丰富的新兴经济体。除了减少国内能源资源消耗、减少污染物和温室气体的排放外，贴近能源资源供应地进行生产，也可以节约能源资

源长距离运输的成本，有利于增强产品的竞争力。此外，发展能源资源加工业，也会提高对方国家出口产品的附加值，帮助对方扩大出口。

随着劳动力成本的攀升，未来我国劳动密集型产业的比较优势将逐步弱化，企业从维持竞争力的角度出发，会逐步将部分技术复杂程度较低的生产环节转移到人力成本更低的其他发展中国家。对此政府不应加以限制。通过提高劳动者素质，我国在技术复杂程度更高的生产环节方面，仍将保持优势。我国还可以鼓励发展那些规模经济效应明显、小国难以达到经济生产规模的产品的生产。此外，通过向外转移生产基地，还可能将部分我国对发达国家的出口转化为其他新兴经济体对发达国家的出口，改善我国对发达国家的贸易不平衡状况。

（4）充分利用国际工程承包带动国产成套设备出口

为了加快经济恢复，许多新兴市场国家的政府采取了增加公共投资、加快基础设施建设的做法。同时，国际金融危机凸显出单纯依赖资源出口的经济发展模式的脆弱性，也促使许多资源出口国政府下决心进一步推动经济的多元化。因此，未来新兴经济体对国际工程承包服务的需求将快速增长。

发展中国家历来是我国海外工程承包的主要市场，2009年亚洲和非洲合计占我国国际工程承包完成营业额的87%。据我国商务部合作司估计，对外承包工程带来的出口比例在40%左右。随着我国对外工程承包的能力和水平逐步提升，对国产设备出口的带动作用还会进一步增强，可以成为我国开拓新兴市场的又一个增长点。

二、加强与新兴经济体在跨境投资中的合作

1. 新兴经济体对中国跨境投资带来的机遇与挑战

新兴经济体的快速发展极大地改变了全球投资格局，给中国吸引外国直接投资和开展海外投资带来一定挑战和机遇。

（1）中国跨境投资面临的挑战

①发达国家开拓新兴市场、分散风险。此次危机成为跨国公司整合资

源、调整全球供应链的契机。在国务院发展研究中心对外经济研究部 2009 年底针对跨国公司的问卷调查中"未来五年,中国之外具有全球竞争力的制造业基地"一题,东南亚和印度获得多数受访企业的青睐,其中有 61.9% 的在京大型跨国公司及其投资性企业选择了印度。虽然调研时多数企业表示,跨国公司对其他新兴市场投资的增加并不意味着减少对华投资,投向其他新兴经济体的多为跨国公司的新增投资,但跨国企业也承认,对其他新兴经济体投资的快速增长源于多方面的考虑:一是劳动力、土地等成本更具优势,政策更具吸引力;二是以欧美消费引导世界经济成长的模式很可能发生变化,未来跨国公司投资将着重于开拓新的潜在市场;三是在跨国公司总部的全球布局中,必须要考虑分散风险的需求;四是对中国崛起的防范心理逐步凸显。

　　②其他新兴经济体的成本和政策优势增强。近年来,中国国内投资环境中的制约因素日渐增多,如土地、环境和劳工成本逐步上升,传统优势有所弱化。与此同时,近年来其他新兴经济体的低成本优势更加突出,加上采取更加优惠的、具有明显产业和地区导向的引资政策,以及基础设施的逐步完善,对外资的吸引力进一步加大,印度、巴西、俄罗斯等近年来的 FDI 流入呈现大幅上升趋势(见图 7.10)。印度《世界投资前景调查》显示,在受访企业中,中国和印度被评为第一和第三位对外资最具吸引力的国家。

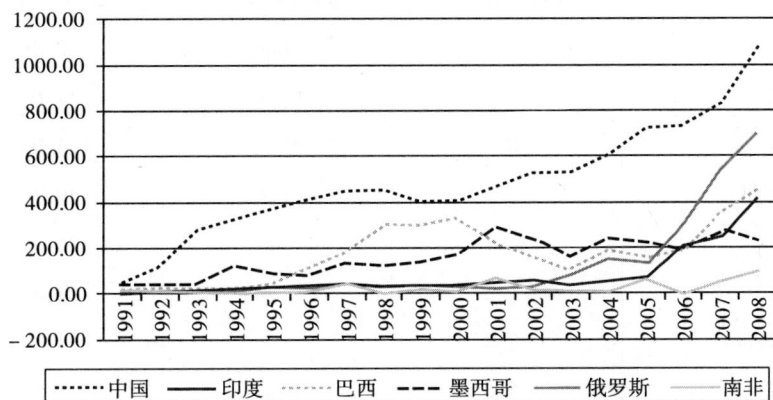

图 7.10　主要新兴经济体吸收跨境投资的发展趋势

数据来源:UNCTAD 数据库。

　　从吸引外资的增速分析，可以更清晰地看到其他新兴经济体在吸引外资上的突出表现。如果将过去 30 年来吸引外资分为三个阶段，表 7.1 显示，韩国、新加坡、中国台湾等新兴工业化国家和地区在 20 世纪 80 年代都经历了外资高速增长，韩国在 90 年代仍延续了这一趋势；90 年代，印度、巴西吸引外国直接投资分别取得 47.8 倍和 29.7 倍的惊人增长；进入新世纪，俄罗斯 FDI 流入获得 25.6 倍的高速增长。

　　在这三个时期，我国吸引外资分别增长 13.2 倍、9.3 倍和 2.3 倍，明显低于印度近 20 年的 FDI 流入增速。虽然由于基数小，印度、俄罗斯等新兴经济体在 FDI 流入的初期增长较快，但其近年来对外资吸引力的逐步提升也不容忽视。日本对外投资也说明了这一点，据日本贸易振兴机构的海外投资统计，日本对印度直接投资占其海外投资的比重，从 2007 和 2008 年的 2.1% 和 4.1% 快速上升到 2009 上半年的 9.7%，直逼对华投资所占 11.5% 的比重。对此，日本贸易振兴机构驻华总代表表示，印度和巴西等新兴市场都是中国之外十分重要的投资地，随着印度市场规模的扩大和市场成熟度的提高，未来对印投资增长将继续保持，也不排除某一年份对印度投资总额超过对华投资。未来，我国在吸引跨国公司投资上将面临更加激烈的竞争局面。

表 7.1　　　　　　　　　主要新兴经济体吸引外资增速（倍）

	1981 ~ 1990	1991 ~ 2000	2001 ~ 2008
中国	13.2	9.3	2.3
印度	2.6	47.8	7.6
巴西	0.4	29.7	2.0
墨西哥	0.9	3.8	0.7
俄罗斯	-	-	25.6
南非	- 1.2	3.6	1.3
中国台湾	8.8	3.9	1.3
韩国	5.0	8.0	1.9
新加坡	3.4	3.4	1.5

数据来源：UNCTAD 数据库。

③新兴经济体对海外资源与技术的争夺日趋激烈。随着经济快速发展和投资能力的提高，新兴经济体纷纷加快海外投资步伐。金融危机后，以海外资产和先进技术为目标的海外投资并购活动日益增多，新兴经济体对海外资源和技术的争夺日趋激烈。从发展趋势看，20世纪90年代新兴经济体对外投资总量低、增长慢，进入新世纪以来，以"金砖四国"为代表的新兴经济体海外投资呈高速发展趋势（见图7.11）。

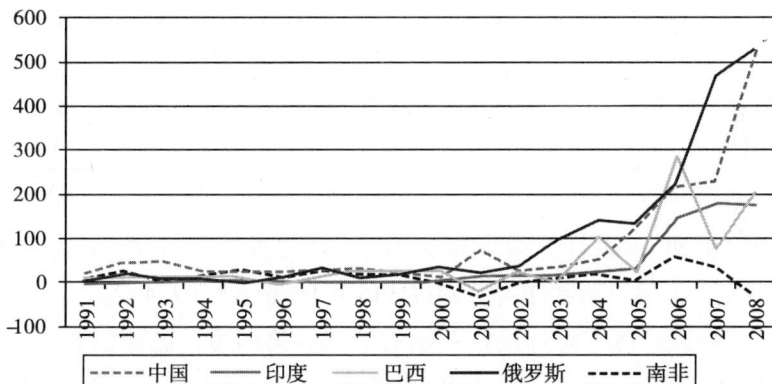

图7.11　主要新兴经济体对外投资的发展趋势（单位：亿美元）

数据来源：UNCTAD数据库。

表7.2的数据显示，"金砖四国"海外投资的增速远高于亚洲"四小龙"。具体来讲，俄罗斯凭借石油美元成为新兴经济体中的最大亮点，不仅FDI流出量最大，而且2001~2008年海外投资金额增长20.7倍；中国海外投资自2005年后高速增长，金融危机后表现更为突出，2008年海外投资额达521亿美元，与俄罗斯的水平不相上下；印度海外投资不足200亿美元，虽然绝对金额尚不及中国和俄罗斯，其12.7倍的增长已超过中国的增速（7.6倍），特别是印度实行外汇管制自由化措施后，自2005年起对外投资迅猛增长，获批海外投资项目数从1991年度的220项增至2000年度的395项，2008年度快速升至1595项，同期对投资总量从1.24亿美元增至176亿美元；巴西海外投资波动较大，但总体呈上升趋势，在规模上与印度相当。

表7.2   **主要新兴经济体海外投资增速（倍）**

	1982～1990	1991～2000	2001～2008
中国	18.9	1.0	7.6
印度	6.0	−46.3	12.7
巴西	1.7	2.2	−9.1
墨西哥	2.3	2.1	0.2
俄罗斯	−	−	20.7
南非	−5.0	1.3	1.1
中国台湾	163.8	3.3	1.9
韩国	7.0	3.4	5.3
新加坡	6.7	11.2	0.4

数据来源：根据 UNCTAD 数据计算。

如果以海外并购计，俄罗斯和印度的表现更为突出（见表 7.3）。2007～2008 年，俄罗斯和印度分别以 136.4 亿美元和 97.4 亿美元的海外并购额，位居新兴经济体海外投资并购的第三、第四位，巴西以 80.3 亿美元居第七位，中国的海外并购仅为 69.5 亿美元，居第十位，在新兴经济体中的占比仅为 5%，低于俄罗斯（9.8%）、印度（7%）和巴西（5.8%）在新兴经济体和全球海外并购中的份额。

表7.3   **海外并购前 10 大发展中经济体（2007～2008）**

	发展中经济体排名	发展中经济体并购占比	全球并购占比
新加坡	1	18.7	2.3
阿联酋	2	11.1	1.4
俄罗斯	3	9.8	1.2
印度	4	7.0	0.9
墨西哥	5	6.8	0.8
中国香港	6	6.5	0.8
巴西	7	5.8	0.7
韩国	8	5.2	0.6
沙特阿拉伯	9	5.1	0.6
中国	10	5.0	0.6

注：不包括避税天堂国家和地区。数据来源：UNCTAD 数据库。

　　进一步分析可以发现，金砖四国拓展海外投资的意愿都十分强烈，十年来 FDI 流出呈现高速增长。未来，其海外投资将更具竞争性。

　　一是 FDI 流入与流出之比较高，海外投资潜力大。近 10 年来，金砖四国等新兴经济体海外投资快速增长，增幅大大高于 FDI 流入，从图 7.12 可以看出，1998～2008 年，发达国家直接投资流入存量与流出存量之比一直在 0.72～0.77 之间，金砖四国等主要新兴经济体的该项指标虽呈逐步降低趋势，但与发达国家相比仍有较大差距。巴西和俄罗斯的该项指标已降至 1.8 和 1.1，中国和印度则仍在 2.6 和 2.0 的水平，海外投资潜力仍有待于进一步挖掘。

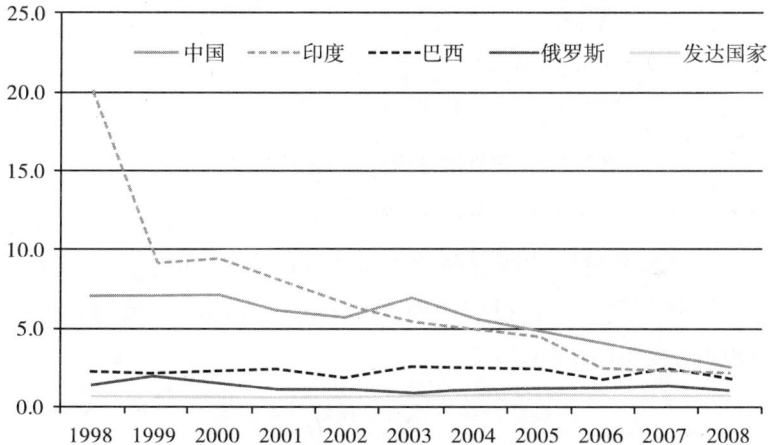

图 7.12　主要新兴经济体跨境投资流入与流出之比（存量）

数据来源：UNCTAD 数据库。

　　二是海外投资区域分布不同，发达国家占比逐步提高。由于新兴经济体的企业和技术水平在国际分工和产业链中处于中下游位置，从发展阶段看，新兴经济体的海外投资大多采取以围绕周边区域为主、逐步向其他区域的新兴经济体和发达国家延伸拓展的路径。中国的基本情况也类似，港澳和东南亚地区在我国对外投资中长期占据重要地位。

　　近年来，新兴经济体在资源类投资之外，对通过海外并购获取先进技术、营销网络以提升竞争力、加速开拓海外市场的兴趣日益浓厚，因而更加注重对发达国家进行投资，目的是充分利用发达国家的先进技术、研发能力、管理模式和高端人才。为此，新兴经济体海外投资逐步向技术人才、销售网络及市场寻求型投资发展，发达国家在新兴经济体海外投资中占比逐步提升的趋势较为明显。例如，在巴西的海外投资中，中南美占23%、北美和欧盟等地占37%（见图7.13）；在印度对外直接投资中，发达经济体的重要性呈显著上升趋势。

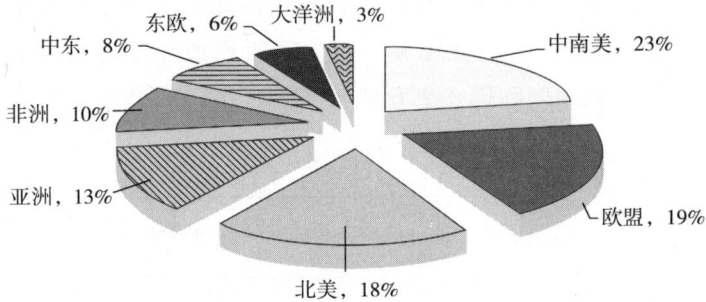

图7.13　巴西对外投资区域构成（2007）

数据来源：Global Players Survey on Brazil Firms, Funda，cão Dom Cabral, 2008.

第三，主要海外投资的产业领域趋势相近。中国和俄罗斯是新兴经济体中的对外投资大国，对外投资中资源类投资、制造业投资和信息通信领域的投资均占重要地位（见表7.4）。

表7.4　　　　　　　主要新兴经济体海外投资基本情况　　　　单位：亿美元

	中国	印度	巴西	俄罗斯
2008年 FDI流出 占GDP份额	521.50 2.81%	176.85 0.95%	204.57 1.10%	523.90 2.82%
2008年 对外投资存量 占GDP份额	1479.5 0.91%	617.7 0.38%	1622.2 1.00%	2028.4 1.25%
主要投资领域	贸易、服务、制造业、资源开采、信息技术	制药、农业投入、制造业、软件、信息技术服务	能源、采矿、服务	资源开采、制造业、通信
接受国和地区	香港、美国、日本、澳大利亚、德国	美国、俄罗斯、避税天堂、东南亚、南亚、英国	拉美、避税天堂、美国、欧盟	欧盟、独联体、美国、中东欧

资料来源：Peter Gammeltoft1 的"新兴跨国公司：金砖四国的海外投资"，以及根据 UNCTAD 数据库更新。

印度和巴西的海外投资能力逊于俄罗斯和中国，2008 年 FDI 流出总额尚不足俄罗斯和中国的 2/5，除印度对外投资中信息技术、制药和农业投入较大外，两国对海外服务业投资都较为集中。

④中国与新兴经济体相互投资存在一定问题。从已有的理论和实证研究看，决定海外直接投资的主要因素既包括双边贸易投资关系和东道国经济发展水平、政府政策与行政效率、市场规模等外部因素，更包括企业实施海外投资的能力等内部因素。随着我国海外投资的快速发展，面临的问题也日益突出。金融危机后，投资保护主义有所抬头，投资环境更加复杂，成为对外投资经营中面临的新挑战。

在我国与新兴经济体相互投资中，面临两方面的问题。一方面是内部风险，即我国对外投资中整体性、普遍性问题，包括：一是程序复杂的审批、管理措施不能适应企业海外投资的需要，直接影响了投资效率，不利于对市场作出快速反应，甚至可能导致一些企业丧失并购投资机会；二是对海外投资的支持服务不足，综合配套的对外投资促进政策和金融扶持政策体系还有待完善；三是企业尚未建立完善的投资风险评估机制、清晰的利益机制和科学的决策机制，难以适应海外更复杂、更具挑战性的经营环境；四是企业国际化经营能力不强，面对海外经营中的文化、市场监管制度、法律体系、产品质量和安全标准、税制和会计标准、工会作用等方面的差异，不少中国企业难以应对。

另一方面是东道国投资环境中的问题，在新兴经济体和其他发展中国家表现得尤为突出。

首先是来自东道国政局、经济发展形势、投资政策和市场条件发生变化，加上东道国法律环境、社会文化和劳资关系等方面的复杂性，导致投资环境的不确定性增加，政治风险、市场风险和文化冲突风险等风险加大。近年来，国外一些推行投资保护主义的利益集团将中国投资与国家经济安全问题挂钩，指责中国国有企业由政府操控、对外投资存在政府补贴等，尤其是我国向发展中国家和新兴经济体投资以资源矿产行业为主，不断受到新殖民主义的指责、面临东道国民族主义者和环保主义者的巨大压力，已发生多起以国家安全为由否决中国企业投资的案例。此外，东道国为保护当地就业，往往在中国企业管理和技术人员的劳务准入等问题上人为制造麻烦，影响中国企业海外投资经营的正常进行和业务拓展。

其次，新兴经济体的投资审批制度并非完全透明，东道国政府对投资项目的干涉和政策多变，造成投资运营风险提高，有时难免会对中国的对外投资造成歧视。例如，在一些新兴经济体政府的基础建设工程招标过程中，招标程序不透明、随意性强，且中国企业未能获得公平竞争的机会。

第三，新兴经济体自身还存在许多问题，比如市场机制不够健全，基础设施不完善，人均收入较低，人力资本积累不足，社会发展较为滞后等，使得新兴经济体的发展还存在一定程度的脆弱性。我们在海外调研中也发现，一些东道国缺乏熟练的技术工人，产业链配套能力低，我国制造业海外投资基本上还是各个企业的"单兵突进"，无论从成本管理还是风险控制方面，都会削弱这些海外投资企业的综合竞争能力。

（2）中国跨境投资面临的机遇

①跨国公司坚持国际化战略、全球化大趋势不会逆转。根据联合国贸发会议的研究，后危机时代，一些积极因素将促使全球外国直接投资恢复活力，主要包括：低资产价格和各国产业结构调整带来的投资机会，新兴经济体和石油输出国拥有相对较多的金融资源，新兴产业（新能源、生命科学、新材料等）投资前景广阔，跨国公司坚持和进一步推进国际化战略等。此外，发达国家加快服务业海外转移，以扩大市场为主要目的的服务业跨境投资也将出现恢复性增长。而在应对全球气候变化方面，发达国家完成减排目标将促进国内产业调整，制造业的海外转移和新技术开发，有可能为新兴经济体承接新一轮产业转移创造契机。

②中国综合竞争优势日益突出。许多跨国公司和国际组织认为，中国仍然是全球外商直接投资的首选地之一，吸收外资的中长期前景仍然看好。

一是市场规模优势凸显。目前，中国不仅是最重要的、供应外部市场的制造基地，而且是全球扩张最快的市场。根据国务院发展研究中心对外经济研究部于2009年进行的跨国公司在华投资企业问卷调查结果，与以往相比，中国吸引跨国公司的因素不再限于低成本的生产要素，在17个影响跨国公司对华投资决策的因素中，受访企业打分最高的前五个因素依次是"国内市场潜力"、"完备的基础设施"、"劳动力成本"、"外资准入程度"和"产业集群与配套能力"，市场吸引力已经超过低成本劳动力成为中国吸引跨国公司的首要因素。

例如，金融危机后，韩国企业主动调整对华投资战略，更加看重中国巨大的内需市场潜力，将其从对美出口生产基地转向本土化经营的目标市场。不少日本企业也意识到这一问题，在金融危机后已采取措施加大对华投资力度。根据日本协力银行开展的"2009年度日本制造业企业海外直接投资问卷调查报告"，中国的好评度较前几年的下降趋势有所回升，仍排名第一（见图7.14）。其中，企业最为看重的是"当地市场的增长潜力"，有84.8%的企业选择此项，不仅高于2008年调查中该选项的比重（77.6%），更远高于排第二位的廉价劳动力（44%）。主要理由为：一是对华投资从出口驱动型向内销型转换，二是日本企业前两年希望调整海外布局以分散投资风险，但中国经济日益成熟、国内市场空间广阔，仍可以将新的生产基地放在中国。日本海外投资统计也可证明这一点，日对美直接投资的比重从2008年的33.7%下降到2009年上半年的15.2%，同期对华投资从5.1%升至11.5%。

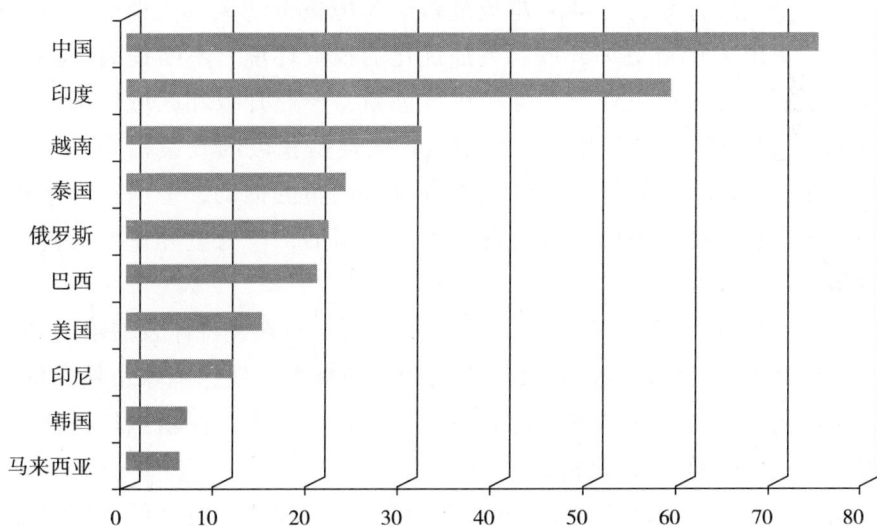

图7.14　日本制造业海外投资地调查（得票率，%）

资料来源：日本协力银行开展的"2009年度日本制造业企业海外直接投资问卷调查报告"。

二是中国仍然保持着综合成本和效率的优势。除了市场规模潜力巨大外，中国的吸引力更多源于自身比较优势的显著变化：综合配套生产能力强，区域范围内供应链相对完整，产业集聚和规模效益优势显著，综合生产成本和劳动生产率仍具全球竞争力；中低端技术人才充沛、素质高，产业集群的应用创新能力居全球领先地位；基础设施发展迅速、较为完备，物流运输通畅。

全球金融危机爆发后，中国在跨国公司的全球市场中复苏最快，作为新兴市场的地位日益突出，中长期发展潜力巨大，跨国公司对在华业务的信心和重视度不断增加，在其全球业务布局中的地位进一步提升，跨国公司在华增设研发中心、全球采购中心、区域总部的数量也出现明显上升。美中贸易全国委员会公布的一项调查结果显示，尽管受到全球经济衰退影响，84%的受访在华美国企业 2009 年仍能保持盈利。根据美国商会对 400 家在华投资企业所做的调查，超过九成的受访企业认为在华经营前景乐观，65%的企业计划在 2010 年进一步增加对华投资。

三是总体经济和外资政策环境的改善。中国促进经济平稳较快增长的一揽子经济刺激计划，有助于避免危机中跨境投资的大起大落。最近，中国着眼于提出"创造更加开放、更加优化的投资环境，不断提高利用外资质量，更好地发挥利用外资在推动科技创新、产业升级和区域协调发展等方面的积极作用"。这对跨国公司来说，无疑是积极的政策信号。总体来讲，由于经济发展新的良好态势和外资政策调整的推动，中国在未来相当长时期内仍将保持对外国直接投资较强的吸引力，作为世界重要投资目的国的地位不会改变。

③从新兴经济体寻找新机遇。金融危机后，新兴经济体发展潜力凸显，将成为未来世界经济增长的重要动力来源。为减少对发达国家市场的依赖，我国应积极探索与新兴经济体之间的贸易和投资合作，在新兴经济体发展中开拓新的国际跨境投资机遇。

第一，深入挖掘新兴经济体的市场潜力。近年来，新兴经济体海外投资的区域结构发生了变化，发达国家占比逐步提升。以印度为例（见表7.5），发达国家在印度海外投资中的比重从 1990 年前占总额的 13.9% 迅速提高到 2002～2006 年期间 53.8% 的平均水平，已超过新兴经济体和其他发展中国家所占份额。但是，金融危机导致发达国家消费能力下降、市场低

迷，市场需求提振和投资恢复难以短期内实现。与此同时，一些新兴经济
大国正在成长为新的最终产品消费市场，其市场增长潜力极具吸引力。由
于跨境投资是迅速扩大市场占有率的最直接手段之一，未来新兴经济体相
互投资将有较大提升空间。

表7.5　　　　　　　印度对外投资的地区分布变化（%）

	1990 以前	1991 ~ 1995	1996 ~ 2002	2002 ~ 2006
发展中国家	86.1	63.8	63.3	46.2
东亚及东南亚	36.3	26	11	12.8
南亚	9.4	8.1	2.6	0.9
非洲	17	8.6	11.5	13.5
西亚	9.7	13	6.4	4.4
中非	10.4	1.9	0.6	1.2
中东欧	3	5.1	27.3	9.3
拉美及加勒比	0.3	1.1	4	3.9
发达国家	13.9	35	36.7	53.8
西欧	7.8	20.4	12.3	35.2
北美	6.1	15.1	24.2	14.1
合计	100	98.8	100	100
合计（百万美元）	222	734	6403	11587

数据来源：澳大利亚国立大学亚太学院教授 Prema – chandra Athukorala 的 "Outward Foreign Direct Investment from India"。以印度财年计。

二是充分利用新兴经济体扩大海外投资的机遇。在全球海外投资中，
新兴经济体的重要性与发达国家仍有一定差距，但其迅速成长为全球 FDI 流
出中重要的资本来源地，已引起各方关注和研究。1990 ~ 2008 年，发达国
家和其他发展中国家对外投资存量分别增长 6.7 倍和 7.5 倍，而新兴经济体
的海外投资增长 17.2 倍。根据《2007 年世界投资报告》，新兴经济体大型
跨国公司海外投资的首选地分别是英国和美国，中国排名第三，与巴西、
马来西亚等少数拉美和东南亚国家成为普遍谨慎的新兴经济体跨国公司扩
大海外投资的重要目标。

支撑新兴经济体对外投资快速发展的因素主要包括：经济全球化和全

球资源配置的推进，新兴经济体的快速经济增长，外汇和投资管制逐步放松，外汇储备日益扩大，新兴经济体跨国公司的壮大等，未来这些因素将进一步强化。值得一提的是，随着国际大宗商品和原材料价格的飙升，资源出口型国家的资金实力更为雄厚，希望通过海外投资获取更高收益，未来有可能成为我国吸引外资新的重要来源。

三是形成新兴经济体之间贸易和投资的内部循环。从理论上讲，在相互贸易和投资之间，同时存在创造效应和替代效应。随着国际化生产的发展，贸易与跨境投资相互依存、相互影响、相互促进。对东北亚贸易和投资发展的实证分析表明，中日韩之间贸易与投资的互补效应明显大于替代效应，投资带动的产业转移使区域内贸易的比重明显提高，中日韩贸易与直接投资之间形成了相互促进的良性循环。

后危机时期，新兴经济体均意识到市场多元化的重要性。进一步密切新兴经济体之间的贸易与投资联系，有助于推动我国对新兴经济体的贸易增长、促进市场多元化战略的实施，有助于构建新型的国际产业链关系、形成新兴经济体之间的贸易和投资的自我循环，促进新兴经济体之间的贸易和投资实现快速增长。

四是国内结构升级和增长将促进海外投资领域的拓展。发达国家和新兴工业化国家对外直接投资的国际经验表明，其产业选择基本上都经历了从资源开发、制造业投资和服务业投资的发展过程。我国原有海外投资以贸易型企业为主，近年来为满足国内经济发展，尤其是国内生产对资源和原材料需求的快速增长，资源类海外投资金额和占比均大幅提高。在相当长一段时期内，资源类海外投资将继续增长。此外，由于新兴经济体都面临加快经济发展、促进产业转型升级的要求，加大制造业和金融等配套生产性服务的投资需求也将有所提高。

2. 加强与新兴经济体投资合作的政策建议

（1）高度重视发展与新兴经济体的相互投资

作为国际产业分工和供应链体系中的重要一环，新兴经济体已经成为国际跨境投资的重要目的地和正在崛起的投资来源地，其地位上升和发展潜力已引起各方关注，发达国家和新兴经济体都在积极投入和布局。例如，法国国际投资署宣布将斥资 1000 万欧元在全球宣传法国投资环境，特别要将重点放在中国、印度、巴西、土耳其、俄罗斯等"具有极大潜力"的新兴经济体对法投资。

新兴经济体在我国对外政治和经济关系中具有重要意义。促进我国与新兴经济体之间的相互投资，不仅有助于稳定全球经济、加快复苏进程，而且有助于我国开拓新兴市场、建设多元化生产基地、丰富投资来源，有利于维护我国在新兴经济体中的战略利益，稳定和改善我国对外政治和经济关系。在真正激烈的市场竞争尚未全面展开之时，我们应充分认识拓展对新兴经济体投资的紧迫性，采取积极措施在市场发展的早期抢得先机。

（2）加强贸易投资联系，培育和扩大市场空间

未来一段时期，积极开拓新兴市场将是我国加快转变外贸增长方式、实现市场多元化的重要途径。一方面，目前我国与新兴经济体之间双边贸易增长迅速，但相互投资规模普遍较小。通过相互投资增强产业合作，加强贸易联系，形成新的产业链或是内部贸易投资循环，有助于扩大基于比较优势和规模经济效益的产业内贸易和区域内投资，培育新的市场发展空间，改变最终产品市场高度集中于欧美等区域外市场的格局，减少外部环境变化的影响和冲击，在开拓新兴市场的同时实现投资促进。

另一方面，积极探讨与新兴经济体建立贸易投资自由化和便利化的制度性安排，以促进贸易投资的良性循环和互动。值得注意的是，部分新兴经济体担心实行零关税后中国企业海外投资动力减弱，转而以直接出口产品替代海外投资；有些政府则担心我国出口导向型的制造业投资可能将我国与其他国家的贸易摩擦转移至当地，对我投资抱既欢迎又担忧的矛盾心态。针对这一情况，相关部门应尽早在双边经贸合作中开展更加深入细致的工作，尽力消除其疑虑。

（3）积极促进投资领域多元化

拓宽投资领域，有助于针对不同经济体的发展特点和市场需求，进一步挖掘相互投资的潜力，为国内企业争取更大的生存空间。

首先，我国与新兴经济体之间的相互投资，除了成本追求型之外，还应充分利用新兴经济体的发展机遇，针对其市场增长快、潜力大的特点，积极开拓市场寻求型的投资，逐步将投资向大型基础设施、机电、汽车、

家电等消费和当地市场开拓领域发展。

其次，寻求服务业相互投资机遇。现代服务业是我国产业结构调整中的发展重点，从开放程度和在国民经济中的比重看仍有较大发展空间。积极促进与新兴经济体的服务业相互投资，有助于扩大双边服务贸易，提高生产性服务质量，改善双边企业跨国投资经营的环境。

第三，加强宣传和引导向新兴经济体农产品深加工领域的投资。新兴经济体农业资源丰富，农产品种类繁多，但受加工能力和运输条件的制约，出口量少，产品附加值低。在我们海外调研中，新兴经济体政府官员多次表示，希望中国企业能够投资于农产品深加工。重视对这一领域的投资，正好与新兴经济体需求相契合，不仅有可能得到当地政府政策支持，更可以因原料来源充沛、加工生产成本低、市场发展潜力大而获得可观的收益。对这类投资，特别是对国内资源有限的农产品加工领域的投资，应考虑给予一定的鼓励措施。

（4）努力探索新的投资方式

新兴市场对我国工业化进程和跨国公司的培育具有重要意义。随着经济全球化的不断发展，跨国并购已成为跨国公司保持有利竞争地位而更多采用的一种跨国直接投资方式。应鼓励企业采取并购等多种方式对外投资，既可加快投资收益周期和对东道国市场的占领，也可通过新兴经济体的强强联合在全球市场占据更为有利的竞争地位。

作为促进海外投资的新举措，我国已在新兴经济体和其他发展中国家设立了19家"境外经贸合作区"，不少国家也在与中方积极探讨设立新的合作区。从我们实地调研的情况来看，目前合作区的建设发展存在着前期投入压力大、东道国配套产业和劳动力难以满足我投资企业需求等问题。对此，我们应总结经验，切实采取措施给予政策支持：一是在市场前景、园区定位等方面，加强前期可行性研究，争取提高园区建设的成功率；二是增强"走出去"企业间协同配合，形成产业和劳动力的配套集群；三是整合国内多种资源（如政府资金、银行信贷等），加大对开发企业和入园企业的资金支持或融资上的政策倾斜。

（5）加大对面向新兴经济体跨境投资的政策支持和服务力度

一是简化审批、增强监管。新兴经济体投资市场潜力大、发展迅速，市场机会稍纵即逝。为此，应在加强投资后项目监管、信息统计的基础上，逐步取消境外投资项目的行政和外汇审批，代之以备案制，以利于企业对市场机会做出快速反应、提高投资效率。

二是增强服务支持功能。新兴经济体数量多、发展水平差异大、市场情况复杂，政府应加强对外投资的国别、行业指导，由公共机构或中介组织提供政治风险分析、法律法规及政策环境、行业前景和市场信息、境外安全信息和风险预警等公共信息咨询服务与支持。

三是加大金融扶持。新兴经济体市场拓展难度大，海外融资条件差，应通过贴息、担保、信用保险等手段增强融资信贷支持；对外投资促进政策适度向中小企业倾斜；降低申请门槛以扩大资助政策对中小企业的覆盖；借鉴东盟区域合作基金的经验，积极发挥政策性金融机构的作用，为新兴经济体之间的贸易投资合作提供资金支持。

（6）与新兴经济体共同营造更加开放、便利的投资环境

在应对全球金融危机的过程中，新兴经济体为反对贸易和投资保护主义发出了共同的呼声。未来，我国应与新兴经济体的政府和投资促进机构加强合作，为跨境投资创造可预见的、更加开放、更加便利的投资环境和机制保障。

一是加快与新兴经济体签署双边投资保护协议，提高投资准入的程度，增加政策法规透明度，建立投资纠纷的仲裁机制，推进投资保护、公平准入和便利化进程。二是加强新兴经济体投资促进机构间的联系，通过投资政策、市场信息、人力资源、融资渠道等信息交流与合作，促进跨境投资便利化。三是全球大部分区域贸易安排（RTA）均包含投资自由化与便利化的内容，在我国推进区域贸易安排中，应与新兴经济体积极探讨并就市场开放和投资便利化等问题达成共识。

第八章　团结新兴大国，推动全球治理改革

全球治理指的是通过具有约束力的国际规则，对全球性问题加以解决，以维持正常的国际政治经济秩序。全球经济治理则是全球治理在经济领域的体现。过去30年是全球化大发展的年代，但全球治理的发展没能跟上步伐，使得一些全球需要共同面对的重大问题得不到有效的讨论和解决。由于存在不公正、不合理的国际政治、经济秩序，现有的全球治理机制在公平性、透明度和可问责性等方面也存在很大问题，全球治理改革势在必行。中国以及其他新兴经济体在全球经济中的影响力与日俱增，必然要求在全球经济治理中发挥更大的作用。

一、中国参与全球经济治理面临新的机遇

虽然中国参与全球治理只是一个后来者，但随着综合国力和国际地位的显著上升，中国也以更加积极的态度参与到全球治理当中。一方面，随着中国融入经济全球化的程度不断加深，中国开始具有全球利益，而其他国家和地区的政策变化和经济波动也会直接或间接地影响到中国，为了更好地维护自身利益，中国必须参与到全球治理当中。另一方面，随着中国对世界经济的影响越来越大，其他国家也要求中国承担更多的国际义务，或是帮助其他国家发展，或是借助中国的力量解决问题，因此也愿意让中国参与全球治理。

2008年发端于美国的金融危机是20世纪30年代以来最严重的一场金融和经济危机，对世界经济格局和发展态势产生了深远的影响。对于中国而言，这场危机给中国提升国际经济地位、更好地参与全球经济治理带来

了两个有利条件。

第一，金融危机改变了世界经济格局，使中国的相对地位和影响力显著上升。金融危机爆发以来，我国在全球主要经济体中率先实现经济向好回升，并且采取了一系列积极扩大内需的措施，不但为全球树立了抗击危机的典范，而且有力地带动了其他国家的经济复苏。从长期来看，中国正处于工业化和城镇化快速发展时期，如果能进一步推动市场化改革，可以在相当长的时间内继续保持高速增长。而主要发达国家受到金融危机的重创，金融体系恢复需要较长时间，而且在金融改革的大背景下，未来通过信贷扩张推动经济增长的空间受到限制。从长期来看，发达国家普遍面临人口老化和债务激增的双重压力，增长前景并不乐观。

增长前景的差异使我国与发达国家的差距有所缩小。例如，最早提出"金砖四国"概念的美国高盛公司当时曾预计中国的经济总量将于2050年超过美国，随着中国经济在2003～2007年期间的高速增长，中国超过美国的时间点被提前到了2041年，而金融危机爆发后，超过的时间点再次被提前到2030年。2005年时我国GDP总量只有日本的一半，原来普遍预计要到2015年才能超过日本，但根据现在的增长势头，2010年中国就已经超过日本，成为全球第二大经济体。而到2015年，预计中国GDP将超过日本50%以上。

随着中国绝对实力和相对实力的提升，其他国家特别是发达国家也不得不借助于中国的力量，使中国在全球治理中的话语权和发言权明显提升。IMF和世界银行已经计划将中国在两个机构中的份额分别从现有的4%和2.8%提高到7.5%和4.2%，其中后者已经落实。

第二，国际经济秩序面临调整，给中国参与全球治理、重塑国际秩序提供了一个机遇。现行的全球治理机制诞生于二战之后，反映的是当时的世界经济政治格局，目的是要解决当时世界面临的主要问题，随着时间的推移，已经越来越不能适应当今世界形势的发展。以布雷顿森林体系的三大机构为例，IMF一直都没能有效防范金融危机，在反危机中的作用也一直被发展中国家所诟病；而世界银行减贫的作用十分有限，如果不是中国和印度两国经济快速增长，全球贫困人口的数量和比例实际上是不断上升的；只有世界贸易组织成功地推动了全球贸易的发展，但多哈回合谈判迟迟不能取得进展，使多边贸易自由化进程受到阻碍。

2008 年发端于美国的国际金融危机充分暴露出现有全球治理机制的缺陷，不仅发展中国家对改革当前不合理、不公正的国际经济秩序愿望很强烈，在发达国家内部改革呼声也很高。为了应对危机，各主要经济体加强合作，将二十国集团由原来仅为成员国财政部长和央行行长参加的会议升格为由各国领导人参加的峰会，并在 2009 年 9 月的匹兹堡峰会上宣布二十国集团（以下简称 G20）将取代八国集团（以下简称 G8），成为国际经济合作的首要论坛。这标志着国际经济秩序由少数发达国家主导开始向发达国家与新兴经济体共同协商转变，为全球经济治理机制的改革指明了方向。

进入新世纪以来，世界经济一个重要的变化就是新兴经济体的群体性崛起，特别是一些新兴大国如印度、巴西、俄罗斯、南非等国家，在世界经济中也发挥了越来越重要的作用。尽管金融危机也给新兴经济体和发展中国家带来了较大影响，但由于宏观经济基本面比较好，再加上在中国等新兴大国的带动下，新兴经济体和发展中国家总体恢复较快。目前，新兴经济体处于经济快速发展阶段，相互贸易和投资越来越多，对国际经济事务有共同的诉求，彼此之间也有加强合作的愿望和基础，可以成为未来中国参加全球治理重点依赖的力量。

二、G20 可以成为中国参与全球经济治理的首要机制

1. G20 具备成为全球经济治理机制的合法性

现行的全球治理机制亟待改革。一方面，当今世界各国面临诸多共同的挑战，如跨国金融监管、粮食和能源危机、传染疫病的防范、气候变化等等，需要采取全球解决方案。另一方面，现行的全球治理机制未能反映当今世界格局和力量对比的变化，因而缺乏有效性和代表性，很难解决上述问题。

按照美国学者 Joseph Linn 等人的理论①，一个全球治理机制的合法性（Legitimacy）取决于其代表性（Representativeness）、效率（Efficiency）和有效性（Effectiveness）三个要素。其中代表性和决策效率之间存在一定的矛盾，往往是代表性越广泛，决策效率就越低。如联合国涵盖了几乎所有的主权国家，代表性很高，但由于立场各异，决策效率相对较低。而 G8 这样的组织代表性又太低，只是一个少数富国俱乐部，没有充分反映当今世界格局和力量对比的变化，因此虽然决策效率高一些，但实施效力并不强，因为重大事项没有新兴经济大国的参与不能解决问题。

相比之下，G20 作为一个全球经济治理机制具有很高的合法性。首先，G20 有相当强的代表性。20 成员国代表全球 2/3 的人口以及 85% 的经济总量，其中发达经济体成员有 9 个，新兴经济体有 11 个，双方力量基本平衡②。而且在地理上每个大洲都有代表，每个成员国本身无论是在经济还是政治、文化等领域均为有影响的地区性大国。其次，G20 理论上也具有决策效率。虽然 G20 有 20 个成员，但根据不同的发展水平可以分成发达经济体和新兴经济体两组，每一组内部的利益和诉求比较接近，特别是在经济利益方面，通过谈判和妥协达成共识的可能性是存在的，决策效率有一定的保证。

但是，G20 的实施效力还需要加强。G20 代表性强，一旦形成决定，理论上主要经济体和相关的国际组织都会参与落实，因此实施效力有一定保证。从已经结束的 G20 峰会的结果来看，充实主要多边金融机构如世界银行和 IMF 的资本和救援能力、提升发展中国家在这些机构的投票权和话语权，已经在逐步落实。但这种落实方式没有机制性保障，如果部分成员不去落实峰会形成的决定，并没有任何措施和手段迫使其遵守承诺。例如，从 2008 年 11 月第一次峰会起，G20 每次都要声明反对贸易保护主义。但据欧洲经济政策研究中心统计，自那次峰会以后的到现在，世界各国共实施

---

① 见 Colin I. Bradford, Jr. and Johannes F. Linn, "Reform of Global Governance: Priorities for Action", Policy Brief No. 163, The Brookings Institution, Oct. 2007.

② 发达经济体成员包括美国、日本、德国、法国、英国、意大利、加拿大、澳大利亚和欧盟。新兴经济体成员包括中国、韩国、印度、印度尼西亚、沙特阿拉伯、南非、巴西、阿根廷、墨西哥、俄罗斯、土耳其。

了 638 项"以邻为壑"的保护性措施,其中由 G20 成员发起的有 395 项,占总数的 62%[①]。因此,没有机制性的保障,G20 的决议就会变成一纸空文。为提高 G20 的实施效力,我们需要将其机制化。

2. 在 G20 框架下团结新兴大国谋求共同发展

通过对外开放,中国已成功地融入世界经济,并发展成为世界第二大经济体和贸易国、第一大外汇储备国,对国际经济、贸易、投资、金融、能源等诸多领域的发展都产生了深远的影响。一方面,重大国际事务缺了中国就无法得到有效解决,对中国参与全球治理的国际呼声愈来愈高;另一方面,中国的国家利益早已超出国界,开始向境外延伸,为了维护自身利益,参与全球治理的国内需求也在不断上升。因此,中国积极参与全球治理毋庸置疑,关键是参与的方式和力度的选择问题。

近年来,随着中国国际地位的显著提升,所谓"中国责任论"的说法甚嚣尘上。部分西方国家在夸大中国作用的同时,把自身失误造成的问题转移到中国身上,并要求中国按照他们的意愿和方式分担责任,否则中国就不是"负责任的大国"。部分发展中国家受西方国家话语权的影响,也对我国报有较高的期望,一旦得不到满足,就对我国产生质疑。在这样的国际环境下,中国要想更好地维护自身利益,积极参与全球治理,必须有所作为。一方面,我们要根据自身的发展水平和综合国力承担国际义务,团结发展中国家,争取发达国家。另一方面,该维护的国家利益一定要维护,特别是我们的核心利益。

根据上述考虑,G20 可以成为中国参与全球经济治理的首选机制,而且中国要积极推动 G20 的机制化。金融危机之后,美国有人提出搞 G2,即中美共管世界。我们没有同意是正确的,一是实力不够,二是要避免成为众矢之的。虽然中国参加了 G8 + 5[②],但这个机制仍是发达国家主导,从俄罗斯加入 G8 的情况来看,发展中国家加入这个机制将难逃被边缘化的命运。

对我们来说,最好的机制是能够团结新兴经济大国与发达国家抗衡的

---

① 见 Simon J. Evenett, eds., Managed Export and the Recovery of World Trade: The 7th GTA Report, Centre for Economic Policy Research, Sept. 2010.

② 即八国集团与中国、印度、南非、巴西、墨西哥五个发展中国家的对话机制。

G20。G20 当中新兴经济体已经占多数，而且在经济发展领域的诸多问题上和我国有共同的利益。通过积极参与 G20 并将其机制化，有利于我方团结新兴大国，争取到符合我国家利益的结果。从长远来看，如果 G20 可以实现机制化，随着我国国力的上升，再团结其他新兴经济体，我们就可以逐步引导议题、修改规则、掌握 G20 的主导权。比如说，成员扩大甚至更替，如果没有明确的机制，就很难进行。如果有相应的规则，未来我们就可以逐步发展一些其他新兴经济体或者区域性组织进入到 G20 当中来，进一步提升新兴经济体的话语权。而且，G20 的机制化可以有效反映新兴大国的诉求。随着新兴大国的崛起，如巴西、印度、南非，他们开始有全球利益，渴望实现自身的抱负，部分国家还提出加入联合国安理会，成为常任理事国。如果能把 G20 机制化，使其发挥一定的作用，可以减弱这些国家"入常"的迫切性。

3. 中国应积极推动 G20 机制化建设

当前 G20 的运作模式与 G8 类似。1999 年 G20 成立时起，成员国的财政部长和央行行长每年开一次会。在会议之前，各方会对相关问题做积极准备，包括一些工作层面的准备工作和预备会议等等。2008 年国际金融危机爆发之后，G20 升格为领导人参加的峰会，而且会议改为一年两次。随着金融危机的见底和世界经济的复苏，G20 峰会将从 2011 年起恢复到一年一次。从目前的情况来看，G20 只是一个对话平台，机制化建设十分薄弱，影响了 G20 作为一个全球经济治理机制的有效性。要想充分发挥影响力，仅仅是定期开会是不够的，在机制化方面 G20 还应该做这么几项工作。

第一，设立秘书处等常设办事机构。目前，G20 没有常设办事机构，每次会议的组织和协调工作由该次会议的主办国负责。设立常设办事机构的目的是为会议的组织提供支持，与各成员国在工作层面上进行协调。G20 有 20 个成员，协调工作的复杂性和难度与 G8 只有 8 个成员国不可同日而语。而且，一个常设办事机构可以通过平时的研究和与各成员国的有关部门进行沟通，为峰会的议题和日程进行设计。现在的很多议题实际上是 G8 决定以后塞给 G20，比如说 2009 年匹兹堡峰会上提出的矫正全球经济不平衡的议题实际上是来自 G8，对包括我国在内的新兴经济体非常不利。如果没有一个常设办事机构，G20 就很难摆脱 G8 的影响而成为一个真正独立的全球治理机制。而且，当前这种运作形式很容易被主办国所利用和主导，如插入对主办国自身有利的议题等等。如法国充分利用 2011 年峰会主办国的地位，多次召开有关全球失衡问题的讨论，力求在这个问题上获得突破。因此，G20 机制化第一项要做的工作就是设立秘书处等常设办事机构，为了平衡各种关系，秘书处可以考虑设在一个经济发展水平较高的新兴经济体内，而不宜设在发达经济体内，否则将无法体现新兴经济体崛起这一事实。

第二，确立议事规则、决策程序。G20 现在的决策机制是通过协商达成共识，并没有一种正式的投票机制。这种机制的难点在于协调难度较大，决策效率相对较低。由于目前 G20 峰会的决策并没有约束力，而且在应对危机时各方加强合作的意愿比较强烈，因此在迄今为止的几次峰会上，凝聚共识相对容易。但即便如此，为了达成共识，会议的成果往往都是一些比较原则性的意见，以声明或是宣言的方式体现，缺乏具体、可操作的内容和措施。随着危机的结束和时间的推移，共同点越来越少，分歧和矛盾将逐渐显现，通过协商达成一致的决策机制将受到考验，将来建立某种投票机制可能是必要的。

第三，建立执行和落实决策的机制。当前 G20 的决定没有执行机制，政策的落实完全凭自愿，如果成员国违背峰会上所做的承诺，可能会面临道德压力，但也仅此而已。例如，2009 年匹兹堡峰会决定增加新兴经济体在 IMF 中至少 5% 的投票权。但是如何落实这一决定，比如说增加哪些国家多少份额、哪些国家需要减少份额都没有具体说明。为了维持自身一票否决的权力，美国肯定不会降低自己的份额[①]，降低份额的压力主要集中在欧洲国家身上。在 2010 年 G20 韩国首尔峰会上，各国同意将新兴经济体和发展中国家在 IMF 的投票权提升 6 个百分点，比匹兹堡峰会更进一步，份额减少主要来自于欧洲国家。而且，IMF 董事会中的两个欧洲发达国家席位也

---

① IMF 重大议题都需要 85% 的通过率，而美国持有 17% 的投票权，实际上等于是拥有一票否决权。

将让渡给新兴经济体和发展中国家，24 名执行董事也将全部由选举产生，而不是像现在部分董事是任命的，这也是一大进步。但上述改革要等到 2012 年 IMF 大会上才能完成，这中间仍可能存在变数。

在危机期间，发达国家需要借助新兴经济体的力量走出困境，因此在一些重大问题上有所让步。但随着世界经济形势的好转，发达国家有可能从原来的立场上倒退，这种迹象在其他问题上已经有所体现。即使前述 IMF 和世界银行的改革最终得到落实，但也不能保证未来 G20 的决议都能得到贯彻实施。因此，建立执行和落实决策的手段和框架是 G20 机制化必须要走的一步。

建立执行和落实决策的机制有两种选择，一种是建立一个全新的、从属于 G20 的框架，另一种是充分利用现有全球经济治理中的机制和框架。在 G20 本身机制化建设还很薄弱的情况下，完全另起炉灶难度很大，相反，充分利用现有机制从成本效益原则考虑可行性很高。例如，布雷顿森林体系的产物世界贸易组织、国际货币基金组织和世界银行有成熟的组织机构和运作机制，分别在各自的领域发挥着重要作用，特别是前者，而后两者的问题主要是代表性的问题。如果能将这三个组织纳入 G20 框架，从内部逐步将其改造，使其能充分反映 G20 的诉求，G20 的决策就可以通过这些机构去落实。

对于 G20 这样一个新生事物而言，机制化建设是一个长期目标，可以采取分阶段、分步骤的方式逐步实施，最终目的是要把 G20 建成全球经济治理的首要机制。

4. 金砖国家机制同样不容忽视

过去一段时期，随着世界经济形势逐步好转，发达国家与新兴经济体加强合作的意愿明显减退，G20 在全球经济治理中的作用有所弱化。这时候，中国等新兴大国更要加强团结，形成推动全球经济协调与合作的核心力量。无论未来世界经济形势和国际经济秩序向何处演变，新兴大国都可以保持自身的影响力，维护好自身的利益。

值得注意的是，有"金砖四国"之称的四个新兴经济大国——中国、俄罗斯、巴西、印度于 2009 年 6 月举行了第一次峰会，要求相关国家和机构落实 G20 峰会达成的各项共识，并对国际金融体系改革、改善国际贸易和投资环境、帮助最贫困国家减贫、加强能源合作等方面的问题提出了共同主张。这标志着新兴大国建立政策协调机制的开始，新兴国家可以以一个统一的面目出现，进一步提升自身话语权，维护自身权益，避免被发达国家分化和各个击破。

到目前为止，金砖国际合作机制已经发挥了重要作用。2010 年金砖国家峰会在 G20 峰会前举行，金砖国家要求 G20 尽快提升新兴国家在国际金融机构的份额，之后在 G20 峰会上得到落实。2011 年，金砖国家吸纳南非加入，代表性和影响力进一步提升。在 G20 机制化建设没有取得实质性进展之前，东道国对议程设置影响很大，成员国之间缺乏协调，因此新兴国家通过金砖国家机制进行协调十分必要。而且，G20 不讨论政治问题，在非经济领域新兴大国同样需要协调。因此，对于中国而言，金砖国家合作机制同样不容忽视。

三、在重大问题上加强与新兴大国的政策协调

1. 防范和应对金融危机，坚持国际货币金融体系改革

国际金融危机的影响仍在发酵，世界经济复苏脆弱且不稳定。而且，发达国家为了应对此次危机采取了很多经济刺激措施，可能为未来的危机埋下了种子：主权债务危机已经暴露，货币危机则若隐若现。更重要的是，造成此次危机的根本问题并没有得到解决，未来仍有发生新的危机的可能。

在西方主导的国际货币和金融体系下，新兴经济体和发展中国家过去饱受金融危机之害，也曾长期呼吁国际货币和金融体系改革而未果。此次危机之后，推动改革的共识有所增强，但随着世界经济的逐步复苏，改革的动力又在减弱。如果发达国家转嫁危机，一旦新的危机爆发，新兴经济体和发展中国家将再度成为受害者。例如，近期主要发达国家为了刺激经济，不断实施极为宽松的货币政策，大量泛滥的流动性涌入新兴经济体，造成这些国家的本币升值、资产价格泡沫和通胀压力上升，给宏观经济和

金融稳定带来极大挑战。这时候，中国应该与主要新兴经济体加强协调与合作，坚持推动国际货币体系和金融监管改革，在这个问题上绝不能有所放松。

推动国际货币和金融体系改革可以充分利用 G20 这个平台。当初设立 G20 目的就是为了防范金融危机，这次为了应对危机也在一定程度上发挥了 G20 的作用。因此，在未来相当长的时期内，新兴经济体应力主将防范和应对金融危机、推动国际货币体系和金融监管改革列为 G20 最主要的任务和应关注的议题。即使短期内无法取得明显进展，也可以使西方国家特别是美国处于守势，迫使其在其他领域做出让步。

2. 推动世界经济实现强劲、可持续和平衡增长

发达国家受此次危机重创，经济增长前景黯淡，已经难以像过去那样成为全球经济增长的主要动力。现在的问题是，新兴经济体能否保持高速增长，并进一步成为未来世界经济增长的发动机？在一定条件下，这是完全可能的。

经过多年的市场化改革和参与国际分工，许多新兴经济体的经济基本面有了显著改善，再加上吸取了以往危机的教训，受这次危机冲击比较有限，恢复也很快。新兴大国的作用尤其重要。这些国家正处于城市化、工业化快速发展时期，再加上经济规模较大，至少可以成为区域性的增长发动机。他们对原材料和资源产品的需求可以带动其他发展中经济体的增长，而对先进技术和设备的需求又可以带动发达经济体的增长。在发达经济体增长前景不明朗的情况下，世界经济增长的主要动力将来自于新兴经济体特别是新兴大国。

因此，新兴大国要加强政策和立场的协调，积极推进有利于世界经济增长的政策，反对不利于世界经济增长的政策。除了前面提到的推动国际货币体系和金融监管改革以外，还应该积极推动贸易自由化，反对贸易和投资保护主义，带动和帮助落后发展中国家经济的增长。

应该说，中国是过去一段时期经济全球化的主要受益者，随着国际竞争力的不断提升，继续推动贸易自由化总体上对中国有利。世贸组织多哈回合谈判已经拖延多年而无进展，相关问题的主要利益方都是 G20 成员，

如果中国与新兴大国能够就相关问题加强协调，然后在 G20 框架下先取得共识，就完全有可能重新启动多哈回合议程。危机爆发之后，各国实行保护主义的倾向十分明显。在这种时候，更需要 G20 发挥领导作用，积极推动贸易自由化进程，抵御当前出现的贸易保护主义浪潮。

2009 年匹兹堡峰会上提出要实现全球经济再平衡，其潜台词是全球失衡是一个严重问题，甚至是造成此次金融危机的原因。全球失衡之所以能够长期存在，一方面是经济全球化背景下国际产业分工深化的结果，具有一定的合理性。但另一方面，近年来全球失衡的不断加剧，则是与当前国际货币体系的制度性缺陷密切相关。全球失衡是不合理的国际货币体系的结果，而不是造成此次危机的主要原因。如果我们承认全球失衡是问题，那么按照西方国家的逻辑，新兴大国不论是资源输出国还是制成品出口国，都必须减少顺差并使本币升值。因此，在这个问题上，中国与其他新兴大国是有共同利益的，应该联合起来反对在 G20 会议上讨论全球失衡问题，也不应该将其列为全球经济治理必须解决的问题。

中国一向认为，真正的全球失衡不是贸易的不平衡，而是发展的不平衡。没有发展中国家的全面增长，世界经济就不可能取得真正平衡的增长。新兴大国经过长期的发展，已经具备了一定的帮助落后发展中国家的能力。而且新兴大国有自身的发展经验，在很大程度上真正了解发展中国家面临的问题和需求，这一点是发达国家难以做到的。因此，中国应该和其他新兴大国加强合作，共同帮助落后国家的发展。2010 年 G20 韩国首尔峰会，第一次将发展议题列入议事日程。新兴大国应该在 G20 和其他各种全球治理机制中，就发展问题发挥更重要的作用。

3. 在气候变化领域坚守自身立场

气候变化问题是当前全人类共同关注的重大问题，但这个问题不宜放在 G20 框架下解决。这个问题涉及到几乎所有国家，由少数国家大包大揽不太合适。何况，新兴经济体与发达经济体甚至新兴经济体内部在这个问题上分歧巨大，如果在 G20 内讨论这个问题，可能会破坏解决其他问题的气氛和努力。因此，气候变化问题最好还是放在联合国框架下解决。而且，也只有在联合国框架下，才能坚持气候变化谈判中"共同但有区别的责任"

原则，更好地维护新兴经济体的利益。

正如前面所分析的，新兴大国特别是中国在气候变化问题上承受着巨大压力。在过去的气候谈判中，中国一直是与77国集团合作，以"77国集团＋中国"的模式协调发展中国家的立场。但由于77国集团涵盖了130多个发展中国家，在发展水平、经济结构和自然条件等方面差异较大，利益分化严重，协调愈发困难。在这种情况下，有"基础四国"之称的四个新兴大国——中国、巴西、印度和南非面临气候变化的共同挑战，在2009年哥本哈根气候大会前共同协商、统一立场，形成了气候谈判中一个新的集团，在之后召开的大会中发挥了重要作用。这是新兴大国通过加强政策协调、在国际事务中维护共同利益的成功表现。

未来，包括中国在内的"基础四国"还应该争取更多的新兴大国加入己方阵营。值得注意的是，"金砖四国"中的俄罗斯并没有加入"基础四国"。这是因为俄罗斯由于历史和自然方面的原因，短期内没有减排压力。但是作为一个能源出口国，如果强制减排的措施在其他国家广泛实施，将会大大减少能源需求，给俄罗斯经济带来损失。何况，随着经济的发展，该国最终也要面对温室气体排放总量上升的结果。其他一些当前减排压力小的新兴大国也是如此。因此，包括中国在内的"基础四国"应该团结新兴大国中的能源出口国，在气候变化问题上协调立场，形成一股更大的力量，彻底扭转西方国家在气候变化问题上掌握话语权和主导权的不利局面。

第九章　扩大对外经济援助

　　对外援助是国际关系的重要内容，对外经济援助则是一个国家对外经济关系的重要组成部分。通过对外援助，一个国家可以实现自己在政治、经济等方面的特定目标，也是维持和提升自身国际影响力的重要手段。发达国家一直都是对外援助的主体，占全球国际援助的绝大部分。其中美国和日本长期都是最大的对外援助国，也极为明确地主张通过对外援助实现国家利益，并取得了较显著的效果。

　　尽管中国还是一个发展中国家，长期接受其他国家的援助，但中国一直都非常重视对外援助工作，并取得了积极效果。随着世界经济格局的变化和中国综合国力的上升，中国有必要进一步扩大对外援助的广度和深度，更好地维护和实现国家利益。

一、扩大对外经济援助具有重要意义

1. 对外援助一向是我国重要的对外经济政策

　　从 1950 年开始，中国就积极开展对外援助。据商务部统计，截止到 2009 年底，我国已向 164 个国家和区域组织提供了双边援助，其中援建成套项目 2100 多个，培训各类人才 12 万余名，派出援外专家和技术人员 60 万余人次、医疗队两万余人次、青年志愿者 400 余人，减免 50 个重债穷国和最不发达国家对华政府债务 380 笔。

　　维护和实现国家利益始终贯穿于我国的对外援助当中。改革开放之前，战略利益和政治利益是首要考虑，对外援助对我国打破帝国主义封锁，增进与广大发展中国家关系，维护世界和平发挥了重要作用。改革开放之后，随着国际环境的改善，经济利益的重要性不断上升，通过对外援助，深化了我国与发展中国家的经济合作，促进了发展中国家的经济发展，提升了我国的国际地位和国际形象。

通过 60 年的探索和实践，我国已经初步建立起明确的对外援助政策方针、体系和模式，较完善的对外援助组织机构和框架，培养了一大批有能力有经验的援外工作人员，对外援助的领域不断扩大，对外援助的内容日益丰富。中国已经具备进一步扩大对外援助广度和深度的基础和条件。

2. 扩大对外援助的必要性

进入新世纪以来，新兴经济体群体性崛起，发展中国家出现全面增长，极大地改变了世界经济格局，国际金融危机的爆发加速了这一变化的进程。力量对比的变化也使国际援助的格局面临调整。发达国家长期都是主要的对外援助国，但由于受到金融危机的重创，经济增长陷入低迷，财政状况显著恶化，对外援助能力大大下降。即使在经济增长状况较好的时候，主要发达国家对外援助的金额占 GDP 的比重都很少达到联合国提出的 0.7% 的要求，现在发达经济体的增长速度显著放缓，要求他们拿出每年 GDP 增长的 1/3 甚至一半用于对外援助肯定是力不从心。

在这种情况下，新兴经济体特别是新兴大国作为对外援助国的重要性开始显现，比如说已经加入 OECD 组织的韩国、墨西哥、土耳其，还有石油输出国组织成员沙特阿拉伯、科威特、阿联酋等，再有就是有"金砖四国"之称的中国、巴西、印度、俄罗斯。这些国家都是新兴经济体，经济增长较快，经济总量较大，外汇储备相对丰富，对外援助的基础初步具备。随着这些国家融入全球经济的程度不断加深，通过对外援助有助于维护其国家利益，积极援助他国的意愿也在不断上升，未来有可能成为国际援助的一股重要力量。

2010 年中国经济总量已经超过 5.6 万亿美元，是世界第二大经济体，对世界经济增长的贡献率连续四年排名世界第一；进口总额 1.3 万亿美元，排名世界第二，出口 1.5 万亿美元，排名世界第一；外汇储备超过 2.6 万亿美元，排名世界第一。在物质基础比较雄厚的情况下，再加上已有的 60 年的对外援助基础和经验，中国进一步扩大对外援助的条件是完全具备的。

但也有人认为，中国仍是一个相对落后的发展中国家，人口多、底子薄、经济发展不平衡。中国的人均 GDP 只有 4000 美元，排世界 100 位左右，还不及全球人均水平 8000 美元的一半；贫困人口总数在世界上仍排名第二，绝对贫困人口超过 4000 万，低收入群体有 2.7 亿人，每年要解决的就业人口超过 2400 万人，自身发展的任务还相当繁重。在这种情况下，中国的对外援助步子不能迈得太大。

我们认为，由于国际金融危机使得世界经济格局发生了显著变化，当前是提升我国国际地位、实现国家利益的大好时机，应该充分抓住这一机遇，加大我国对外援助的力度。一方面，对援助的国际需求仍然很大。尽管发展中国家近年来出现了全面增长，但总体上特别是低收入发展中国家的发展水平仍然较低，离联合国千年发展目标相去甚远。按联合国标准，全球极端贫困人口仍高达 14 亿，如果不是中国和印度减贫的贡献，全球贫困人口总数和 30 年前相比还是上升的。粮食安全、能源安全、环境污染、传染疫病等问题日益凸现，而气候变化问题则成为威胁发展中国家可持续增长的重要因素。面对如此巨大的国际援助需求，发达国家已力不从心。而随着中国实力的上升，许多发展中国家都对中国增加援助抱有希望。如果中国能适时扩大对外援助，对于进一步提升我国的国际地位、树立起负责任的大国形象，可以起到事半功倍的作用。

另一方面，决定一个国家对外援助能力的是其综合国力，经济总量大，拿出很少一部分钱就可以发挥很大作用。对外援助占 GDP 份额高的国家往往都是经济总量较小的发达国家，虽然这些国家人均收入高，但由于经济总量小，其对外援助的总体规模仍然较小，产生的影响也不是很大。改革开放前，我国的发展水平更落后，人均收入更低，却拿出了相当一部分财力用于对外援助。据统计，1950～1978 年，我国对外援助占国家财政支出的比重为 1.73%，其中 1971～1975 年占比高达 5.88%[①]。今天，我们国家的国力已经有了质的飞跃，如果只拿出国家财政支出的 1%，每年也有 100

---

① 引自丁韶彬：《大国对外援助——社会交换论的视角》，社会科学文献出版社 2010 年版。

多亿美元，可以发挥极其重要的作用。

3. 新形势下扩大对外援助的基本思路

坚持互利共赢。对外援助通过人、财、物的输出，可以带动受援国发展，但这绝不是施舍或是无偿服务，而是一个互利共赢的合作机制。首先，对外援助可以扩大我国的国际影响力，改善我国的国际形象。当前国际上关于"中国威胁论"的说法甚嚣尘上，中国对非洲的投资也被说成是搞"新殖民主义"。通过对外援助，可以打消发展中国家的疑虑，改善双方的关系，树立起我国负责任大国的形象。其次，对外援助可以深化我国与发展中国家的经贸关系。许多发展中国家尽管经济社会发展水平落后，但却拥有丰富的矿产资源，也是我国潜在的出口市场。通过对外援助，可以为双边经贸合作营造良好的环境，为进一步加深合作打下基础。第三，对外援助可以有效带动我国企业和产品"走出去"。对外援助通过资金、设备、技术和人才的输出，可以增进其他国家对我国的了解，树立中国企业的品牌和信誉度，增强中国文化影响力，带动更多的中国企业和产品走出去。

扩大对外援助范围。不仅要援助低收入发展中国家，也要援助处于同等收入水平的发展中国家，甚至高收入发展中国家。人均 GDP 不能完全代表一个国家的经济和社会发展程度。按照世界银行的划分标准，中国属于中低收入国家，但中国许多社会和人类发展指标如预期寿命、受教育程度、基础设施、科技发展水平等与中高收入国家相比都不遑多让，在这些方面中国不但有条件援助比自己收入低的国家，也有能力援助比自己收入高的部分国家。比如说非洲的赤道几内亚，由于发现了石油，人均 GDP 超过 1.5万美元，是中国的 4 倍。但该国的人均预期寿命只有 50 岁，与低收入发展中国家接近。中国对该国的援助一直都在进行，不能因为该国人均收入高就不援助了。援助的领域也要不断扩大，从以经济援助为主逐步向经济、社会、环保、文化等全方位援助过渡。

加强对外援助合作。中国应该在以双边关系为主的基础上，积极参与区域性对外援助机制的建设，充分利用现有的多边对外援助体系，实现对外援助双边、区域和多边机制并举的局面。特别要团结其他新兴大国，加强对外援助的国际合作，在维护共同利益的同时，推动其他发展中国家的发展。

二、建立中国的普惠制

普惠制是普遍优惠制（Generalized System of Preference，英文简称 GSP）的简称，是指经济较发达的国家单方面对从其他国家进口的产品给予的优惠关税待遇。普惠制的关税往往比最惠国关税还要低，甚至是零关税。发达国家普遍对发展中国家实行普惠制，其中比较知名的有欧盟的普惠制，目前已有 178 个国家和地区受惠，成为欧盟用来对发展中国家提供发展援助的最重要的贸易手段①。

不过，建立普惠制并不是发达国家的专利。部分经济发展水平较高的新兴经济体也给其他发展中国家提供普惠制待遇。如土耳其和加入欧盟的部分东欧国家也参与了该体系。俄罗斯、白俄罗斯、乌克兰也各自建立了普惠制。随着自身经济实力的不断提升，有越来越多的新兴经济体已经和正在着手建立普惠制，带动和帮助其他发展中国家发展。如韩国于 2010 年宣布，将尽快引入普惠制，进一步扩大与发展中国家的贸易规模，预计约有 150 个国家因此受惠。而印度于 2008 年 4 月宣布将给予 49 个最不发达国家零关税准入，五年之内涉及的关税税目达到 94%，基本上可以视为是变相的普惠制。

尽管中国还是一个处于中低收入水平的发展中国家，而且长期是其他国家普惠制的受惠国，但中国政府早在 2003 年就承诺，"对非洲最不发达国家部分商品进入中国市场给予免关税待遇"。这是中国根据自身的经济实力作出的决定，是一种单方面、自愿的给惠政策。到目前为止，已经有 30 个与中国建交的非洲最不发达国家的 440 多种产品享受零关税待遇进入中国。可以说，中国版普惠制的雏形已经有了。但为了全面加强与发展中国家经贸往来，推动与发展中国家互利共赢合作关系的发展，中国有必要建立一个正式的普惠制。

---

① 引自赵书博、胡江云：《普惠制——理论与实践》，知识产权出版社 2008 年版。

首先，正式的普惠制比当前我国给予部分非洲最不发达国家的优惠关税体系更加系统和科学。普惠制一般都有实施期限，以 10 年为一个阶段，期满时给惠国可以根据自身的发展情况以及受惠国的发展情况调整相关政策。而且，普惠制都包含救济措施。如果来自受惠国的出口在短时期内大幅增加，对给惠国的国内产业造成了一定冲击，给惠国可以采取贸易救济措施。如果某个受惠国经济发展和出口竞争力提升较快，可以通过"毕业机制"的方式让该国退出普惠制。而我国目前这种单方面的优惠关税政策均不包含上述机制，可能会给未来带来隐患。通过建立正式的普惠制，我们可以根据实际情况的变化定期调整政策，扩大或是调整受惠国成员和产品清单，建立统一的原产地规则，并在必要的时候对国内产业采取保护措施。

其次，通过建立正式的普惠制，中国可以有步骤、有条件地扩大对发展中国家进口产品实施的零关税政策。目前优惠政策实施的范围还比较窄，只包括了与我国建交的非洲最不发达国家，既不包括非洲以外的最不发达国家，也不包括非洲其他的发展中国家。总体而言，中国产品出口竞争力强，国内市场大，产业门类齐全，除了部分东亚经济体和少数能源和资源出口国以外，中国与全世界多数发展中国家的双边贸易是顺差，向广大发展中国家开放市场不会给国内产业带来太大竞争压力。向发展中国家开放市场，促进他们的出口，可以提升其分工和专业化水平，有助于他们获得发展急需的资金和外汇。而对于中国而言，可以以更低的成本获得资源和原材料产品，有利于国际收支平衡，改善同其他发展中国家的经贸关系。

因此，在我国正式的普惠制中，享受零关税待遇的国家应首先扩大到所有低收入国家。按照本课题的分类，其他发展中国家都属于新兴经济体，发展水平相对高一些，我们可以设定一些条件，将部分经济体的部分产品纳入普惠制。比如说，一些经济总量较小的新兴经济体，如果其商品出口总额较低，或是出口结构单一，国际竞争力较弱，即使是高收入国家，我们依然可以让他们享受零关税待遇，因此增加的进口不会对我国国内产业产生较大冲击，又可以促进这些国家的经济发展。但是一些经济总量较大，增长速度较快，出口竞争力较强的新兴经济体，让他们加入普惠制并不合适，完全可以通过双边谈判建立自由贸易安排的方式来加强彼此的经贸合作。

三、将应对气候变化纳入对外援助体系

如果关于气候变化的预计成为事实，地球的气温继续上升，对自然系统和人类系统将产生较大的不利影响。其中一些自然系统会遭受重大的、不可逆转的危害。对气候变化敏感的人类系统主要包括水资源；农业（特别是粮食安全）和林业；沿海地带和海洋系统（渔业）；人居环境、能源、工业、保险和其他金融服务以及人体健康等。这些系统的脆弱性会随着地理位置、时间、社会、经济和环境条件而变化。在大部分热带、亚热带地区，温度升高通常会导致作物潜在产量减少；在大部分中纬度地区，在年平均温度升高超过几度时，作物潜在产量一般都要减少并伴有波动；在很多缺水地区，特别是在亚热带地区，可用水将会减少，受由病菌引起的疾病（如疟疾）和水传染引起的疾病（霍乱）影响的人数将会增加，高温造成的死亡率也会增加。由于强降水事件增加和海平面上升，很多居民居住地受洪涝影响的风险大大增加，许多小岛国可能会被淹没。

尽管气候变化的影响是全球性的，但发展中国家受到的不利影响相对更多。一方面，发展中国家的地理位置和自然环境决定了气候变化的不利影响集中体现在他们身上。位于中低纬度和热带地区、亚热带地区的都是发展中国家，而这些地区恰恰最容易受气候变化引起的干旱、缺水、粮食减产、传染疫病增加的影响。小岛国受海平面上升的威胁最大，而这些国家基本上也都是发展中国家。另一方面，发展中国家减缓和适应气候变化的能力较差，缺乏相应的资金和技术。据英国《经济学家》杂志引用国外的研究报道，气温升高 2 摄氏度将使全球 GDP 下降 1 个百分点，但发展中国家 GDP 将下降 4 个百分点，其中印度将下降 5 个百分点[①]。有鉴于此，如何帮助低收入国家和小岛国应对气候变化一直都是国际气候谈判中的一个

---

① "Developing Countries and Global Warming: A Bad Climate for Development", The Economist, Sept. 17, 2009.

重要议题。拥有雄厚资金且先进技术的发达国家，不仅在自身减排方面进展不大，在帮助发展中国家应对气候变化方面也不积极，尽管他们曾经做过这样的承诺。相反，他们利用自身的话语权优势，把气候变化的责任推到发展中国家特别是一些新兴大国身上。

中国作为世界上最大的发展中国家，也面临着气候变化的严峻挑战。一方面，中国气候条件差，生态环境脆弱，极易受到气候变化的影响。另一方面，中国人口众多，人均资源禀赋不足，还没有完成工业化、现代化任务，在未来相当长时期内，发展都是第一要务，这意味着中国的温室气体排放量将继续上升。尽管中国已经为应对气候变化做出了巨大努力，但由于中国的碳排放总量已经是世界第一，人均排放量也超过了世界平均水平，西方国家一直在向中国施加压力，要求中国强制减排。受西方国家的蛊惑，部分发展中国家也对中国在气候变化问题上表示不满。

在这种情况下，中国应该考虑将应对气候变化作为中国对外援助的一项重点内容。这将有助于化解西方国家对我国在气候变化问题上的指责，并反衬出发达国家在这个问题上的无所作为，树立起中国负责任的大国形象。加强在气候变化问题上的对外援助，可以丰富我国对外援助工作的内容，进一步改善我国同广大发展中国家的关系，服务好外交和经济工作大局。

而且，中国在气候变化问题上加强对外援助也有比较好的基础。首先，中国的资金实力相对雄厚，可以支援资金匮乏的发展中国家用于可持续发展。西方国家的对外援助不断下降，已经给一些发展中国家带来影响。如1994年小岛国联盟通过了《巴巴多斯宣言》和《小岛屿发展中国家可持续发展行动纲领》（简称《巴巴多斯行动计划》），但此后由于发达国家援助不够，这一计划没有得到认真贯彻。根据联合国提供的数字，小岛国的外援在1990年时曾达到其国民总收入的2.6%左右，但到了2002年，这个数字却下降到了1%。其次，中国在应对气候变化方面已经取得了一定经验，在发展新能源等方面拥有巨大潜力，如中国太阳能产业规模已经位居世界第一，而风能装机容量也即将成为世界第一，可以为其他发展中国家提供一定的技术支持。第三，近年来中国的对外援助中已经开始包含环境保护等方面的内容，如帮助发展中国家建设小水电、太阳能发电、沼气发电，帮助发展中国家培训节能环保人才等等，现在需要做的是进一步扩大相关援助，并统一到应对气候变化这个领域。

下一步，在加强气候变化领域的对外援助工作时，应注意这样几个问题。一是要坚持可持续发展。多数发展中国家的首要任务仍是解决发展问题，而且越是综合国力强的国家越有能力应对气候变化。因此中国在对外援助时，仍要把提升受惠国的经济发展能力作为首要目标。二是面对气候变化应减缓和适应并举。在气候变化全球性解决方案没有落实之前，不能指望少数发展中国家能在减缓气候变化方面做多大的贡献。因此中国在对外援助一些发展中大国时，可以考虑加强减缓和适应气候变化的能力建设，而在援助一些小国时，应以增强适应能力为主。三是要充分发挥中国的优势。比如说中国的资金优势，中国在新能源领域的潜在技术优势，中国在基础设施建设、应对自然灾害等方面的经验，都可以因地制宜地发挥作用。四是要参与广泛的国际合作。不仅要和发展中国家合作，也要和发达国家合作；不仅要和新兴大国合作，也要和小经济体合作，也可以和国际组织合作。应充分利用一切外部资源，做好在气候变化领域的对外援助。

四、打造中国的"发展队"

扩大对发展中国家的援助，不仅仅包括资金、技术、设备、基础设施等硬件方面的援助，也包括人力资源这样的"软"支持。美国等西方国家很早就注意到了这个问题。20 世纪 60 年代初，美国政府成立了"和平队"（Peace Corps），以志愿者的方式，向发展中国家派遣教师、医生、技术人员进行服务，在帮助发展中国家发展的同时，改善美国的国际形象，输出美国的文化和价值观等，并取得了一定效果。其他一些发达国家也成立了类似的组织。

在我们国家的对外援助体系当中，实际上也一直都包含人力资源方面的援助。一个最典型的例子是援外医疗队。卫生部的资料显示，1964～2008年期间，我国先后向亚洲、非洲、拉丁美洲、欧洲和大洋洲的 69 个国家和地区派遣过援外医疗队，累计派出 20679 人，经中国医生诊治的受援国患者达 2.6 亿人次。2008 年末，在五大洲的 48 个国家仍有我国 50 支援外医疗队，1278 名医疗队员在 123 个医疗机构提供无偿医疗服务。中国医疗队把先进的医疗技术和诊疗方法带到受援国，还帮助受援国改善医疗条件，通过多种形式培养和提高当地医务人员的技术水平和医疗能力。据统计，中国医疗队已经累计为受援国培训初、中级医务人员 3000 多人，临床医护人员数万人次。援外医疗队的出色表现赢得了受援国政府和人民的尊重和赞扬，增进了我国人民与受援国人民之间的传统友谊，支持了我国外交工作的开展和国内的经济建设。

近年来，我国也在积极探索通过志愿者服务的方式进行对外援助。中国青年志愿者海外服务计划于 2002 年初正式启动，从 2005 年开始纳入了国家援外工作的内容。2004 年 11 月商务部公布了《援外青年志愿者选派和管理的暂行办法》，把援外青年志愿者这项行动以法律的形式确定下来。援外青年志愿者工作由团中央、商务部主办，受商务部委托，由中国青年志愿者协会协调承担招募、选派任务的有关省（区、市）团委、志愿者协会具体组织实施，按照公开、公正、公平的原则，通过公开招募、自愿报名、集中选拔、培训和派遣的方式，招募选拔志愿者。援外青年志愿者主要被派往对中国友好的发展中国家从事为期半年至 2 年（一般为 1 年）的汉语教学、体育教学、医疗卫生、信息技术、农业技术、土木工程、工业技术、经济管理、综合培训、社会发展等有益于发展中国家公益事业发展的服务。国家对青年志愿者海外服务高度重视，胡锦涛主席、温家宝总理都明确表示过要鼓励和支持中国青年到发展中国家服务，参与当地建设。目前，每年都有数百名中国青年志愿者在不同的发展中国家进行服务，取得了良好效果。

援外志愿服务具有投入少、收益大、方式灵活、受援国易于接受等特点。如美国政府对和平队年度拨款不到 4 亿美元，不到美国对外援助额的 1%，但却支持了近万名志愿者遍布五大洲的 70 个国家进行服务，产生了极其广泛的国际影响。我们国家现在每年的援外青年志愿者只有几百名，国家提供国际往返旅费和每月 200 美元的生活费，再加上其他一些相关费用和培训以及政府支持费用，满打满算不会超过 1 亿元人民币。相比之下，援建一个基础设施项目可能就要数亿美元甚至更高的投入，但受益的群体比较集中，普通民众未必能直接感受到援助国的帮助。而志愿者通过人与人直接的接触在当地提供服务，受惠者能够直接感受到援助的好处，这显然更加有利于提升援助国的形象，增进彼此的了解和友谊。

而且，通过这种直接的服务，也更加有利于援助国的文化输出。美国建立和平队的一个重要的目标就是输出美国文化。今天，我们国家的经济实力有了很大提升，但在软实力的建设上还有很大差距。中央提出要提升国家文化软实力，推动中华文化"走出去"，志愿者对外服务是一个很好的方式。不论是在国外教中文，还是利用中医治疗患者，或是培训武术运动员，实际上都是传播中华文化。此外，中国志愿者勤劳、俭朴、谦逊、友好的性格和特点与发达国家志愿者还是有区别的，代表了国家的形象，反映了中华文化优秀的一面，都在通过潜移默化的方式影响别人。

我们也可以通过吸纳留学生和官员培训等方式，帮助发展中国家培养人才，这些年的规模一直在扩大而且取得了很好的效果。但让别人过来和我们派人去效果还是不一样。能来的人还是有一定条件的，而我们派志愿者过去可以直接为普通群众服务。更重要的是，出国服务本身是一个很好的锻炼机会，通过向外派遣志愿者，我们可以培养一大批能够吃苦耐劳、具有国际视野、熟练掌握一门外语和专业技能的年轻人才。美国学者在研究和平队经验的时候曾经总结过，派遣志愿者不仅增进了其他国家对美国的了解，也增加了美国人对其他国家的了解，还培养了一大批人才[①]。

尽管许多发展中国家近年来取得了较快经济增长，但总体发展水平还比较落后，对人力资源的需求很大。虽然中国的人均 GDP 并不高，但中国在经济、社会、技术和文化发展方面有自己的经验和特点，可以供其他发展中国家借鉴。目前的时机也比较有利，发达经济体经济增长乏力，对外援助停滞不前。而中国人力资源基数大，资金相对宽裕，有能力为其他发展中国家提供更多的支持。特别是中国本身也是一个发展中国家，对发展中国家的需求和情况比较了解，又一贯奉行不干涉其他国家内政的原则，因此对外援助更容易受到受惠国的欢迎。

中国的对外援助，是真心实意要帮助其他发展中国家实现发展。下一

---

① 见刘国柱：《美国文化的新边疆——冷战时期的和平队研究》，中国社会科学出版社 2005 年版。

步，我们应抓住有利时机，充分发挥自身优势，进一步扩大对外青年志愿者服务的规模，加强相关机制建设，打造一支中国的"发展队"①。具体要做的工作有这样几项：

一是逐年扩大援外青年志愿者规模。我国注册的志愿者已经达到3000多万，而援外的只有每年几百人，而美国和平队的规模在每年近万人的水平。我们应该制定一个目标，力争在2020年前达到或者超过美国"和平队"的规模。当然，相应的组织保障、经费支持、机制建设都要跟上。

二是要出台更多对援外青年志愿者的激励措施。《援外青年志愿者选派和管理的暂行办法》在这方面规定不多，除了一些荣誉性的奖励之外，只提到表现优秀的海外青年志愿者可以被推荐到中国驻外使领馆经济商务参赞处（室）或援外专家组工作。而当年美国"和平队"的激励措施是免服兵役，这在当时是非常吸引人的。物质奖励固然不可取，因为这违背志愿者精神。但我们也不能要求别人无私奉献，特别是援外青年志愿者经过锻炼，是宝贵的人才，应该通过给他们更多的发展机遇来吸引他们参加这项工作。因此，建议对援外青年志愿者，可以在保送研究生、考公务员、职务晋升等方面给予一定的激励政策，吸引更多的优秀青年参与到这项工作当中去。

三是加强组织建设，提升管理能力。目前的援外青年志愿者服务体系是团中央和商务部双重领导，两者只是起一个宏观指导作用，中国青年志愿者协会也是起一个协调作用，实际上具体工作都是地方在做。每个地方往往是固定援助一个国家，有点"对口支援"的意思，缺乏灵活性，规模也难以做大。而美国"和平队"由美国国务院下设的专门部门领导，政府也有专项预算，这种体制值得我们借鉴。建议国家拨出专款用于援外青年志愿者项目，继续由团中央和商务部主办，由中国青年志愿者协会具体承办，统一管理和调配全国的资源，用于援外青年志愿者服务。

---

① 这一概念最早由麦肯锡公司董事长鲍达民在2010年中国发展高层论坛上提出，当时他建议中国应仿效美国的"和平队"建立一支"发展队"，用于支持发展中国家建设。

参考文献

[1] 安东尼·范·阿格塔米尔. 世界是新的——新兴市场崛起与争锋的世纪. 北京：东方出版社，2007

[2] 博鳌亚洲论坛. 新兴经济体的发展 2009 年度报告. 2010

[3] 蔡春林. 金砖四国经贸合作机制研究. 北京：中国财政经济出版社，2009

[4] 迟福林，殷仲义主编. 后危机时代发展方式转型与改革——新兴经济体的新挑战、新角色、新模式. 北京：华文出版社，2010

[5] 楚树龙，金威主编. 中国外交战略与政策. 北京：时事出版社，2008

[6] 丁韶彬. 大国对外援助——社会交换论的视角. 北京：社会科学文献出版社，2010

[7] 法里德·扎卡利亚著，赵广成、林民旺译. 后美国世界——大国崛起的经济新秩序时代. 北京：中信出版社，2009

[8] 商务部. 历年中国对外直接投资公报

[9] 郭新宁，徐弃郁. 从历史走向未来——中国与发展中国家关系析论. 北京：时事出版社，2007

[10] 国务院发展研究中心课题组. 促进我国制造业对外投资政策研究报告. 2010 年 2 月

[11] 胡树祥主编. 中国外交与国际发展战略研究. 北京：中国人民大学出版社，2009

[12] 克恩·亚历山大，拉胡尔·都莫，约翰·伊特威尔著，赵彦志译. 金融体系的全球治理. 大连：东北财经大学出版社，2010

[13] 刘国柱. 美国文化的新边疆——冷战时期的和平队研究. 北京：中国社会科学出版社，2005

[14] 罗伯特·夏皮罗著，刘纯毅译. 下一轮全球趋势. 北京：中信出版社，2009

[15] 帕拉格·卡纳著，赵广成，林民旺译. 第二世界——大国时代的全球新秩序. 北京：中信出版社，2009

[16] 钱纳里. 工业化与经济增长的比较研究. 上海：上海人民出版社，1988

[17] 史蒂芬·罗奇. 未来的亚洲——新全球化时代的机遇与挑战. 北京：中信出版社，2009

[18] 张小济，张琦，吕刚，许宏强. 后危机时代中国的国际投资. 2010 年中国发展高层论坛背景报告

［19］ 赵春明主编. 跨国公司与国际直接投资. 北京：机械工业出版社，2007

［20］ 赵书博，胡江云. 普惠制——理论与实践. 北京：知识产权出版社，2008

［21］ 中国企业上半年海外并购金额超 09 年全年. 21 世纪经济报道，2010 年 7 月

［22］ 庄贵阳，朱仙丽，赵行姝. 全球环境与气候治理. 杭州：浙江人民出版社，2009

［23］ Arnold, D. J. & Quelch, J. A. (1998), "New Strategies in Emerging Economies", *Sloan Management Review*, 40 (1)：7 – 20.

［24］ Aghion, Philippe and Peter Howitt, "A Model of Growth through Creative Destruction", *Econometrica*, 1992, 60, 321 – 351.

［25］ Aghion, Philippe and Peter Howitt, *Endogenous Growth Theory*, Cambridge, MA：MIT Press, 1998

［26］ Arrow, Kenneth J., "The Economic Implication of Learning by Doing", *Review of Economic Studies*, 1962, 29, 155 – 173.

［27］ Barro, Robert J. "Government Spending in a Simple ModeB of Endogenous Growth", *Journal of Political Economy*, 1990, 98, s103 – s125.

［28］ Barro, Robert J., "Human Capital and Growth", *American Economic Review*, 2001, 91, 12 – 17.

［29］ Barro, Ro bert J. and Xavier Sala – i – Martin, "Regional Growth and Migration：A Japan United States Comparison", *Journal of the Japanese and International Economics*, 1992, c6, 312 – 346.

［30］ Baumol, William J., "Productivity Growth, Convergence and Welfare：What the Long – Run Data Show", *American Economic Review*, 1986, 76, 1072 – 1985.

［31］ Becker, Gary S., Edward L. Glaeser and Kevin Murphy, "Population and Economic Growth", *America n Economic Review*, 1999, 89, 145 – 149.

［32］ Brander, James and Steve Dowrick, "The Ro le of Fertility and Population in Economic Growth：Empirical Results from Aggregate Cross – National Data", *Journal of Population Economics*, 1994, 7, 1 – 25.

［33］ Brander, James A, "Comparative Economic Growth：Evidence and Interpretation", *Canadian Journal of Economics*, 25 (4), 1992, 792 – 818.

［34］ Cass, David, "Optimum Growth in an Aggregative Model of Capital Accumulation", *Review of Economic Studies*, 1965, 32, 233 – 240.

［35］ Coase, Ronald, "The Problem of Social Cost", *Journal of Law and Economics*, 1960, 3, 1 – 44.

［36］ Colin I. Bradford, Jr. and Johannes F. Linn, "Reform of Global Governance：Priorities for Action", *Policy Brief No.163*, The Brookings Institution, Oct. 2007.

［37］ Delong J. Bradford, "Productivity Growth, Convergence and Welfare：Comment", *American Economic Review*, 78 (5), 1988, 138 – 54.

［38］ Dowrick, Steve. Technological catch up and diverging incomes：Patterns of economic growth 1960 – 88 ', *Economic Journul* 102 (412), 1992, 600 – 10.

［39］ Dowrick, Steve and Nguyen. D. T. 'OECD comparative economic growth 1950 – 85：Catch – up and convergence', *Americun Economic Review* 79 (5). 1989, 1010 – 30.

［40］ Easterly, William and Sergio Rebelo, "Fiscal PoHcy and Economic Growth", *Journal of Monetary E-conomics*, 1993, 32, 417 –458.

［41］ Jain, S. C., *Emerging Economies and the Transformation of International Business*, Edward Elgar Pub-lishing, 2006.

［42］ Jodie Thorpe and Kavita Prakash – Mani, *Developing Value: The Business Case for Sustainability in E-merging Markets*, International Finance Corporation, 2002.

［43］ Jones, Charles, "R&D—Based Modem of Economic Growth", *Joumal of Politieal Economy*, 1995a, 103, 759 –784.

［44］ Kaldor, N. "A Model of Economic Growth", *The Economic Journal*, 1957, 67 (268), 591 –624

［45］ Kawai, Hiroki, "International Comparative analysis of economic growth: trade liberalisation and pro-ductivity", *Developing Economies*, 1994, 32 (4), 373 –97.

［46］ Kim, Jong – II and Lau. Lawrence J. "The Sources of Growth of the East Asian Newly Industrialised Countries". *Journal of the Japanese and International Economies*, 8 (3), 1994, 235 –71.

［47］ Koopmans, T., "On the Concept of Optimal Economic Growth", *Cowles Foundation Paper 238*, 1965.

［48］ Krugman. Paul. "The Myth of Asia's Miracle", *Foreign Affairs*, 73, 1994, 62 –78.

［49］ Krugman, Paul, "A Model of Innovation Technology Transfer, and the World Distribution of In-come", *Journ al of Political Economy*, 1979, 87, 253 –266.

［50］ Loser, Claudio M. "Cross – border Trade and Investment among Emerging Economies: Lessons from Differing Experiences in Africa, Asia and Latin AmericaGlobal", Global *Journal of Emerging Market Economies*, 2009 1: 43.

［51］ Lucas, Robert E. Jr., "On the Mechanism of Economic Development", *Journal of Monetary Eco-nomics*, 1988, 22, 3 –22. ·

［52］ Maddison. A. *The World Economy in the 20ᵗʰ Century*, OECD Development Centre, Paris. 1989.

［53］ *Mankiw, Gregory N., "The Growth of Nations"*, Brookings Papers on Economic Activity, 1995, 1, 275 –310.

［54］ Nadiri. M. I. "Some approaches to the theory and measurement of total factor productivity: A survey", *Journul of Economic Literature*, 8 (4), I 1970, 137 –77.

［55］ Peter Drysdale, Yiping Huang, "Technoligical Catch – up and Economic Growth in East Asia and the Pacific", *The Economic Record*, 73, 222. 1997, 201 –211.

［56］ Peter Gammeltoft, "Emerging Multinationals: Outward FDI from the BRICS countries", *Paper presen-ted in the IV Globelics Conference at Mexico City*, September 22 –24 2008.

［57］ Ramesy, Frank, "A Mathematical Theory of Saving", *Economic Journal*, 1928, 559 –578

［58］ Robert E. Hoskisson, Lorraine Eden, Chung Ming Lau, Mike Wright, "Strategy in Emerging Econo-mies", *The Academy of Management Journal*, Vol. 43, No. 3 (Jun., 2000), p. 249.

［59］ Romer, Paul M "Increasing Return and Long—Run Growth", *Journal of Political Economy*, 1986,

94, 1002 – 1037.

[60] Romer, Paul M., "Endogenous Technological Change", *Journal Political Economy*, 1990a, 98, 71 – 102.

[61] Romer, Paul M. "The OriginsofEndogenous Growth", *Journal of Economic Perspectives*, 1994, 8, 3 – 22.

[62] Schumpeter, Joseph A. *The Theory of Economic Development*, *Cambrige*, MA: Harvard University Press, 1934.

[63] Solow, Robert M., "A Contribution to the Theory of Economic Growth", *Quarterly Journal of Economics*, 1956, 70, 65—94.

[64] Uzawa, Hirofumi, "Optimal Growth in a Two – Sector Model of Capital Accumulation". *Review of Economic Studies*, 1964, 31, 1 – 24.

[65] United Nations Conference on Trade and Development, *World Investment Report*, various issues.

[66] World Trade Organizaiton, *Report on G20 Trade and Investment Measures*, 2010. 3.

[67] Young, Alwyn. "Lessons From the East Asian NICs: A Contrarian View", *European Economic Review*. 1994, 964 – 73.